FANGDICHAN

房地产上市公司
资本结构与公司绩效研究

SHANGSHI GONGSI

ZIBENJIEGOU
YU GONGSI JIXIAO
YANJIU

孙继国 ◎ 著

中国社会科学出版社

图书在版编目（CIP）数据

房地产上市公司资本结构与公司绩效研究 / 孙继国著 . —北京：中国社会科学
出版社，2013.6

ISBN 978 - 7 - 5161 - 2794 - 0

Ⅰ.①房…　Ⅱ.①孙…　Ⅲ.①房地产业 – 上市公司 – 资本结构 – 研究 – 中国
②房地产业 – 上市公司 – 企业绩效 – 研究 – 中国　Ⅳ.①F299.233.5

中国版本图书馆 CIP 数据核字（2013）第 126140 号

出 版 人	赵剑英
责任编辑	任　明
特约编辑	乔继堂
责任校对	石春梅
责任印制	李　建

出　　版	中国社会科学出版社
社　　址	北京鼓楼西大街甲 158 号（邮编 100720）
网　　址	http：//www. csspw. cn
	中文域名：中国社科网　　010 – 64070619
发 行 部	010 – 84083685
门 市 部	010 – 84029450
经　　销	新华书店及其他书店

印　　刷	北京奥隆印刷厂
装　　订	北京市兴怀印刷厂
版　　次	2013 年 6 月第 1 版
印　　次	2013 年 6 月第 1 次印刷

开　　本	710 × 1000　1/16
印　　张	10
插　　页	2
字　　数	210 千字
定　　价	38. 00 元

凡购买中国社会科学出版社图书，如有质量问题请与本社联系调换
电话：010 – 64009791

自　　序

　　资本结构问题是一个具有重大理论价值和实践意义的研究课题。资本结构是企业相关利益者权利义务的集中反映，它与公司治理结构、公司市场价值和绩效之间存在着深刻的内在联系。自 1958 年 MM 理论创立以来，国内外学者对资本结构问题进行了广泛而深入的研究，以求解开"资本结构之谜"，但所得到的结果却不相一致。近年来，房地产业已经成为我国国民经济的支柱产业。我国房地产上市公司资本结构具有资产负债率高、融资渠道单一且过度依赖银行信贷等特点，因此从防范金融风险和提高公司绩效角度来看，优化企业资本结构十分必要。鉴于房地产行业特殊的经济地位和资本结构，研究房地产上市公司资本结构与其影响因素、资本结构与公司绩效之间的相互关系将具有重大理论与现实意义。

　　本书以 2007—2009 年我国 A 股房地产上市公司为研究对象，突破了单纯研究公司特质对资本结构的影响及仅局限于研究股权结构对经营绩效的影响，而是引入宏观调控变量，按照"资本结构理论阐述—资本结构微观影响因素分析—宏观调控对资本结构的影响分析—资本结构与上市公司绩效关系分析"这条主线，将宏观调控、资本结构与公司绩效有机地结合起来，通过构建合理的计量模型，系统分析了公司特质和宏观调控对资本结构的影响关系、股权结构和债务结构对公司绩效（EVA）的影响关系，尝试确定房地产上市公司资本结构的优化方向，以便为房地产上市公司合理安排资本结构进而提高公司绩效提供对策建议。

　　本书研究发现：公司规模、可抵押资产比例、非负债税盾、净资产收益率、股权集中度等公司特质对房地产上市公司资本结构具有显著的影响；宏观调控政策确实能够显著影响房地产上市公司的资本结构，但随着房地产公司经营实力的增强，再加上金融市场完全性程度的改善以及居民购房的刚性需求和民众需求心理的改变，影响力趋于减弱；房地产上市公司目前的股权结构有利于公司绩效的提高，但并未达到最佳状态，主要是"一股独大"现象严重；房地产上市公司的债务融资并没有按照经典资本结构理论的预期那样带来公司绩效的提升，主要原因可能是债务融资渠道单一，而作为主要债权人的国有银行在公司治理中又扮演着消极的角色；对房地产上市公司来说宏观调控是系统性风险，宏观调控会使房地产上市公司的绩效出现下降。本书最后从 4 个方面提出了优化房地产上市公司资本结构以提高公司绩效的对策建议，并对未来研究进行了展望。

目　　录

第一章

绪　　论

第一节　问题的提出和选题意义

一、提出问题

资本结构问题是一个具有重大理论价值和实践意义的研究课题。1958 年，Modigliani 和 Miller 在 *American Economics Review* 上发表了《资本成本、公司理财与投资理论》，MM 理论随之诞生，这是资本结构理论最早的且意义重大的研究[①]。自此以后，许多学者围绕着资本结构问题进行了深入的研究，根据经济中的实际情况不断放松对 MM 理论假设的条件，同时加入了 MM 理论中没有考虑的因素，使企业资本结构理论不断丰富和发展。20 世纪七八十年代，由于企业理论、信息经济学等微观经济理论的拓展，尤其是不对称信息理论、企业治理理论的引入，西方金融经济学家从不同角度提出了一系列基于资本市场现实环境的新模型，主要有权衡理论（Trade-off Theory）、代理成本理论（Agency Cost Hypothesis）、优序融资理论（Pecking Order Theory）等。同时，人们将资本结构理论与股利政策、投资理论等其他理论相互交融，进一步揭示其本质特征，也拓宽了研究的视野。但是，尽管在过去的几十年中企业资本结构理论发展很快，但很多问题在理论界并未达成共识，无论是决定企业融资方式、资本结构选择方面还是准确描述最佳的资本结构和解决资本结构优化问题的公式或模型都有待于进一步探讨。正如 Myers

---

[①]　Modigliani F. and Miller M. H. *The Cost of Capital*, *Corporation Finance*, *and the Theory of Investment. American Economics Review*, 1958（48）.

（1984）在就任美国财务学会主席发表的致辞《资本结构之谜》中讲的："经过这么多年，我们对于资本结构问题所知甚少。"① 2001 年，Myers 再次重申了他的观点："虽然距离 MM 理论的开创性研究已经过去 40 年了，我们对于公司融资选择的了解依然有限。我们知道更多的是关于公司融资的战术选择，比如有效地利用税盾效益或者选择安全的融资时机，然而对于公司融资的战术选择，比如公司总体目标资本结构的选择，我们依旧知之甚少。"② 由此可见，资本结构问题仍然是财务管理学和金融学中最迷人的研究领域之一。

随着市场经济、公司制企业的发展和对公司制度研究的深化，人们逐渐认识到，公司资本结构远非表面上简单的资本和债务的比例关系，它实质上决定了资本要素所有者之间及其与公司其他要素所有者之间契约关系的制度安排。即资本结构是企业相关利益者权利义务的集中反映，它不仅影响公司的治理结构，而且影响公司的资本成本和公司总价值，进而影响一个国家或地区的总体经济增长和稳定。鉴于此，公司的资本结构如何选择问题成为许多学者反复研究的对象，也就是"资本结构之谜"。为解开"资本结构之谜"，自从 MM 定理出现后，学术界很多专家分别从不同角度（税收、信息不对称、破产成本及代理成本）来研究资本结构问题，并取得了一定的成就。Harris 和 Raviv（1991）对这些理论进行了归纳总结，这些理论认为资本市场、产业特性、公司特质等因素对资本结构有重要的影响③。理论的发展离不开实践的检验，为了验证和解释众多的资本结构理论，学者们也进行了大量的实证研究。这些实证研究主要集中在两大类：一类集中验证某些理论，如破产成本理论、代理成本理论和有序融资理论等；另一类则集中探讨公司资本结构的影响因素。

公司治理是建立现代企业制度的核心，而资本结构又是影响公司治理的一个重要因素。企业的资本结构是由股权结构和债权结构所构成的，在一定条件下，股权结构决定着公司治理结构，它决定着公司的权

① Myers S. C. The Capital Structure Puzzle. Journal of Finance，1984（39）.
② Myers S. Capital Structure. Journal of Economic Perspectives，2001（15）.
③ Milton Harris and Artur Raviv. The Theory of Capital Structure. Journal of Finance，1991（46）.

力构成和利益分配，因此股权结构的治理效应在公司治理中占有举足轻重的作用。相对于股权融资，债权融资具有两个鲜明的特点：一是债务独特的税盾作用；二是它能有效缓解股权融资所产生的委托代理问题，降低代理成本。因此，债权融资是现代公司治理中不可忽视的重要因素，债务结构的治理效应对公司治理结构效率影响重大。由此可见，资本结构作为企业发展的基石，决定着企业的融资能力、融资方式和资金投资运作的效果，进而影响到企业治理效果和经营绩效。由于资本结构不仅会影响公司治理结构、控制权及公司的成长性，而且会对公司的市场价值和绩效产生重大影响，因此研究资本结构与其影响因素、资本结构与公司绩效之间的相互关系具有重大的理论与实践意义。

自 1998 年我国取消住房分配政策进行住房制度改革以来，我国房地产业取得了较大发展，房地产行业已经成为我国国民经济中的重要支柱产业。近年来，房地产业对经济增长的贡献率保持在 2 个百分点以上，房地产业和建筑业增加值占 GDP 的比重超过 10%[①]。从房地产业自身的特征来看，它属于资金密集型行业，具有资金需求量大、对外部融资方式依赖重的特点。自有资金投资比例小，直接决定了房地产企业与银行等金融机构间的高关联度和自身的高资产负债率。有关资料表明，我国房地产行业直接和间接来自银行借款的资金占房地产开发资金的 52% 左右[②]。由于我国房地产开发过度依赖银行信贷，这不仅不利于整个房地产行业的稳定，甚至可能给银行系统带来危险，房地产市场的隐患很可能转嫁给商业银行，也使房地产开发融资受银行信贷的影响较大，不利于房地产市场的稳定和发展。因此，从防范金融风险的角度来看，优化企业资本结构是必要的。近几年来，随着房地产业的迅速发展，我国大部分城市的房地产市场也出现了过热现象，表现为价格的不合理持续上涨，房地产商品的有效供给不足与无效供给过剩并存，市场运作不规范，房地产的投机性需求日益增长、房地产银行信贷大幅增加等，这些问题深刻影响了广大人民群众的生活以及国家经济的健康运行。为实现房地产市场的科学协调可持续发展，国家出台了多项宏观调

---

① 来源于住房和城乡建设部副部长齐骥 2008 年 3 月 17 日在人大新闻中心就"住房保障"情况接受中外记者的集体采访的发言。

② 姜春海：《中国房地产市场投机泡沫实证分析》，《管理世界》2005 年第 12 期。

控政策，如调整利率、存款准备金率、严格控制房地产开发信贷、提高房地产开发项目资本金比例等。鉴于目前我国房地产企业融资的主要形式还是银行贷款，因此中央政府出台的这些措施在控制房地产信贷风险、维护金融稳定的同时，必然会对房地产企业的资本结构产生影响。

基于上述理论和现实分析，本书将对我国房地产上市公司资本结构的影响因素以及资本结构与公司绩效之间的关系进行实证研究，结合我国房地产行业具体发展实际，试图对以下几个问题作出回答：（1）我国房地产上市公司资本结构的现状如何？（2）从微观的角度来看，公司规模、可抵押资产比例、非负债税盾、净资产收益率、股权集中度、税收和总资产增长率这一系列公司特质会对公司资本结构有何影响？（3）宏观调控对房地产上市公司资本结构有何影响？（4）房地产上市公司的股权结构、债务结构与公司绩效之间存在何种相关关系？（5）房地产企业如何对资本结构进行优化，使企业绩效能够稳定的提升？

二、选题意义

资本结构问题一直是国内外学者研究的重点领域。本书在一个综合分析框架下，对传统的资本结构理论、经典的资本结构理论（MM 理论和权衡理论）、新资本结构理论（代理成本理论等）进行了系统梳理，并结合这些理论说明了公司股权结构和债权结构影响公司绩效的机制，在实证分析中尝试加入宏观调控变量，这对于丰富公司资本结构研究有一定的理论意义。

我国房地产上市公司资产负债率相对较高，资金来源以银行贷款为主，短期借款比重大于长期负债。通过对房地产上市公司资本结构微观影响因素的分析，可以使房地产上市公司找出优化企业资本结构的方向，将有助于从整体考虑采用合理的方式筹集资金，调整企业的资本结构；同时，也有助于房地产上市公司的相关利益方（如企业、银行等）调整自己的行为。

在国家逐渐加强对房地产行业的宏观调控下，国家政策的调整必然对房地产企业的经营产生影响，进而会影响到房地产企业的资本结构及其融资方式。通过分析宏观调控对房地产上市公司资本结构的影响，一方面有助于房地产企业放弃间接融资形式，转而倾向于直接融资，构建更加合理的资本结构，从而提高经营绩效；另一方面，也可以为政府下一步制定宏观调控政策提供一定的参考。

本书从广义的资本结构概念出发，从公司治理的内涵上认识和把握资本结构与公司绩效的关系，同时对房地产上市公司股权结构与债权结构与公司绩效之间的相互关系进行实证分析，这将有助于房地产企业及时调整融资渠道，改变资金筹集方式，优化资本结构，提高企业经营效率。

第二节　核心概念界定

一、资本结构

自从莫迪利亚尼和米勒提出了 MM 定理以后，多数学者把资本结构界定为权益资本和债务资本的比例关系。实际上，资本结构是公司财务决策中的一个重要的组成部分，资本结构决策应体现出公司财务管理的最终目标，即实现公司价值最大化。刘汉民（2001）认为资本结构有以下几种含义：（1）股权资本或债权资本各构成部分之间的比例关系，通常称之为股权结构或债权结构，这是最狭义的资本结构；（2）股权资本和债权资本之间的比例关系，习惯上称之为融资结构或财务结构，也就是广义的资本结构；（3）人力资本与物质资本之间的比例关系，这是适应知识经济时代的资本结构定义①。本书对资本结构这样定义：资本结构是一个公司持有的各种债务与股权资本的混合，是短期债务、长期债务与所有者权益的相对比例，具体表现为股权结构、债务结构以及负债融资水平。

1. 股权结构

股权结构是指由不同性质股东及其持股比例构成的公司股权分布状态，本书主要从股权集中度、股权制衡度、国有股和法人股比例这几个

---

① 刘汉民、刘锦：《资本结构、公司治理与国企改革——"资本结构与公司治理研讨会"综述》，《经济研究》2001 年第 10 期。

方面来考察。

（1）股权集中度主要反映大股东控股的强弱程度，多用前几位大股东所持股权的比例和其相互关系来表示。一般按第一大股东持股比例可将股权结构分为三类：一是股权高度集中，第一大股东持股比例在50%以上，对公司拥有绝对控制权；二是股权高度分散，第一大股东持股比例小于25%，公司没有大股东，所有权与经营权基本完全分离；三是股权相对比较集中，即第一大股东具有相对较强的控股能力，所持股份比例在25%与50%之间。

（2）股权制衡度主要反映其他大股东对第一大股东权利的制衡程度，即公司控制权在几个大股东之间分享，通过内部牵制，形成其他大股东对控股股东的有效监督。股权制衡度就像一把双刃剑，一方面股权制衡度越高，其他大股东对控股股东的约束力越强，可以更大程度限制控股股东的私利行为；另一方面，股权制衡度的增加也会限制控股股东在公司经营与监督方面积极作用的有效发挥，增加公司经理人的道德风险。本书借鉴孙兆斌（2006）的方法①，用第一大股东持股比例与第二大股东持股比例两者的比值来表示股权制衡度。

（3）由于我国股票市场分割的特殊性的存在，一般根据股份是否能够流通分为流通股和非流通股，根据持股主体不同可分为国有股、法人股、公众股和境外投资者股票四种。实证研究中一般选用流通股比例进行分析，但随着股权分置改革的进行和股票的全流通，该指标已无多大意义，因此本书的实证分析将选用国有股比例（国家股/总股本）、法人股比例（法人股/总股本）进行实证检验。

2. 债务结构

本书的债务结构主要是指债务的所有者结构和债务期限结构。

（1）根据负债资本的来源不同，债务所有者结构可以分为公开负债（可以公开交易的各类公司债券）和非公开负债（银行和非银行金融机构提供的贷款等不能公开交易的负债）。债务所有者结构通常用银行借款负债比率、商业信用负债比率和公司债券负债比率来表示。由于

---

① 孙兆斌：《股权集中、股权制衡与上市公司的技术效率》，《管理世界》2006年第7期。

我国发行公司债券的上市公司很少，而且银行负债一般是房地产业上市公司的主要资金来源，因此本书分析用银行借款负债比率来表示债务所有者结构，银行借款比率为上市公司短期借款、长期借款之和与总负债的比值。

（2）债务期限结构是指公司债务中长期负债与短期（流动）负债之间的比例关系。其中中长期负债的债务期限大于一年，短期负债的债务期限小于一年。债务期限越长，未来还本付息的不确定性和风险越大，因此债权人要求的利率就高。公司在债务融资时，如果遵循债务期限与项目的生命周期相匹配的原则，债务融资成本将会降低，公司绩效随之提高。对于债务期限结构，本书用流动负债率，流动负债率由上市公司流动负债与总负债的比值衡量。

3. 负债融资水平

负债的融资水平是决定公司融资结构合理与否的重要因素之一，一般包含债权融资和股权融资。本书只考察债权融资，用资产负债率（总负债与总资产的比值）来表示负债融资水平。

二、公司绩效

1. 绩效概念

绩效这个概念涵盖的范围十分广泛，国内外学者对此的定义也有不同见解。Ruekert、Walker 和 Roering（1985）认为绩效有三个层次的意思：（1）与竞争者产品和服务的比较——效果；（2）投入的资源与产出的比率——效率；（3）企业面对环境的威胁与机会选择时的应变能力——适应性[1]。Lebas（1995）认为"绩效"是对是否成功的达成企业目标的一种衡量[2]。杨国彬（2001）认为绩效是公司一定经营期间的资产运营、财务效益、资本保值增值等经营成果的综合[3]。

本书所指的绩效是指公司经营绩效。公司经营绩效是指企业在一定

---

[1] Ruekert R. W. , Walker O. C. and Roering K. J. , *The Organization of Marketing Activities: a Contingency Theory of Structure and Performance. Journal of Marketing*, 1985（49）.

[2] Lebas M. J. *Performance Measurement and Performance Management. International Journal of Production Economies*, 1995（41）.

[3] 杨国彬、李春芳：《企业绩效评价指标——EVA》，《经济管理》2001 年第 9 期。

时期内利用有限的资源，从事经营活动所达成企业目标的程度或表现。

2. 绩效评价指标分析

公司绩效评价指标可分为"财务指标的绩效衡量"和"非财务指标的绩效衡量"两类[①]。由于企业的长期目标总是纯财务性的，而且财务指标具有综合反映公司绩效的功能，因此财务评价指标一直是使用最广泛的绩效评价指标。

根据计量基础的不同，财务指标的绩效衡量可分为以下三种：（1）以账面价值（历史成本）为基础计量的公司资产价值，如净资产收益率；（2）以市场价值（公司利用其资产创造的未来收益的现值）为基础计量的公司资产价值，如 Tobin's Q；（3）以经济价值（利用资产负债表中某些相关项目调整后的金额来确定）为基础计量的公司资产价值，如 EVA。

（1）净资产收益率（ROE）

净资产收益率 = 净利润/平均净资产 × 100% = 2 × 净利润/（所有者权益年初数 + 所有者权益年末数）× 100%

净资产收益率反映公司所有者权益的投资收益率。对单个公司来说，净资产收益率越高，公司自有资本获得的收益就越好。当然，也说明公司盈利能力强、经营状况优良、各项成本费用控制合理，对投资者、债权人的保证程度越高。

尽管净资产收益率可以从财务的角度对公司经营绩效作出评价，但由于只是一个指标的评价，因此也有一定的不足：一是企业的经营绩效衡量应是综合能力的衡量，不仅要考虑盈利能力，还要考虑偿债、成长、现金流动性能力等方面；二是现行会计准则和制度体系中会计政策和会计方法存在可选择性，并且在财务报表的编制过程中也存在一定弹性，这都使得公司管理者控制或操纵财务指标变得有可能；三是基于会计信息的 ROE 本身就具有一定的滞后性和短期效应。

（2）托宾 Q 值（Tobin's Q）

美国经济学家 James Tobin 于 1969 年提出以市场价值（公司利用其

---

① 池国华、迟旭升：《我国上市公司经营业绩评价系统研究》，《会计研究》2003 年第 8 期。

资产创造的未来收益的现值）为基础来计量资产价值，即 Tobin's Q 值。该值实际上指的是公司市场价值与公司资产的重置成本之比[1]。由于基于账面价值的指标存在很多限制，国外许多学者将基于会计信息的指标与基于市场价值的指标进行对比，试图找出衡量公司经营绩效更合理的指标。McFarland（1988）用蒙特卡罗模拟法测试会计报酬率和 Tobin's Q 值，结果显示 Tobin's Q 值与实际数值之间具有较高的相关性[2]。Morck、Shleifer 和 Vishny（1988）研究认为 Tobin's Q 值将货币的时间价值考虑在内，因此是衡量公司未来现金流量折现值的良好指标[3]。根据 Lindenberg 和 Ross（1981）提出的计算方式[4]，Tobin's Q 值为：

Tobin's Q ＝ 公司市场价值/有形资产的重置成本。

如果该比率大于1，表明公司创造的价值大于投入资产的成本，公司为社会创造了财富，同时也说明投资者愿意支付高于资产重置成本的价格来购买企业。托宾 Q 值从一个侧面反映了公司投入与产出之间的比例关系，可以用来衡量公司的市场绩效。如果市场完全有效，则 Tobin's Q 值能准确地反映公司的市场价值和公司价值。

（3）经济价值为基础的评价指标——经济增加值（EVA）

经济增加值（EVA）是由 Stem Stewart 公司设计的一种新的绩效评定方法，是以经济价值（利用资产负债表中某些相关项目调整后的金额来确定）为基础来衡量企业绩效。传统的会计利润是指经营所得扣除全部实际投入成本（不包括机会成本）的剩余值，在会计报表上，投资者的权益资本投入对公司来说是无成本的。显然，计算公司价值是否考虑权益资本成本，成为 EVA 和传统财务价值指标实质性的区别。由于 EVA 衡量的是企业资本收益与资本成本之间的差额，它的内涵正代表经济收益的实质。一般来说，EVA 是指企业税后净经营利润（Net Op-

① James Tobin. *A General Equilibrium Approach to Monetary Theory*. Journal of Money，Credit and Banking，1969（1）.

② McFarland H. *Evaluating q as an Alternative to the Rate of Return in Measuring Profitability*. The Review of Economics and Statistics，1988（70）.

③ Morck，Shleifer and Vishny. *Management Ownership and Corporate Performance，An Empirical Analysis*. Journal of Financial Economics，1988（20）.

④ Eric B. Lindenberg，Stephen A. Ross. *Tobin's q Ratio and Industrial Organization*. Journal of Business，1981（54）.

erating Profit After Tax）扣除资本成本（Cost of Capital）后的资本收益[1]。如果 EVA 为正值，表明公司获得的利益高于其投入的资本加权平均成本，即公司为股东创造了新的价值；相反，如果 EVA 为负值，则表示遭到损失，公司没有为股东创造新的价值，公司付出了更大的机会成本。

EVA 对传统会计指标进行修正，剔除了会计失真的影响，因此具有传统的会计收益指标不具备的一些优点：第一，EVA 将权益成本包括在内，故能够更加真实地反映公司绩效；第二，EVA 指标将股东财富与公司经营决策紧密结合在一起，有利于维护公司各利益相关者的利益；第三，EVA 指标不仅考虑企业的财务活动，还将企业的科技开发、产品创新、品牌建设等非财务活动也加以考虑，使企业的可持续发展也得到了重视。

上述分析表明，EVA 是比会计指标更好地评价公司价值和经营绩效的指标，因此本书在实证分析中选用 EVA 来衡量房地产上市公司的经营绩效。

第三节　研究思路、研究方法和研究框架

一、研究思路

本书主要关注房地产上市公司的规模、非负债税盾、净资产收益率等公司自身微观因素对其资本结构的影响关系以及宏观调控对资本结构的影响程度，同时还要分析股权结构和债务结构对房地产上市公司绩效的影响力。因此，本书首先承续先前国内外研究的相关文献和成果，并对其进行综述和评论，为后续的研究奠定理论基础；其次，对我国房地产上市公司资本结构和经营绩效现状进行总结和分析，找出我国房地产上市公司股权结构和债务结构的特点；再次，从理论和实证的角度分析了我国房地产上市公司资本结构的微观影响因素，并进行针对性的分析；接下来，又分析了宏观调控对房地产上市公司资本结构的影响，并

---

[1]　崔漩：《浅析企业财务评价指标 EVA》，《经济师》2003 年第 9 期。

得到了有意义的结论；最后，计算出房地产上市公司的 EVA 值并用它来衡量公司绩效，分别对股权结构、债务结构与公司绩效的关系进行实证分析。全书按照资本结构的影响因素、资本结构和经营绩效的关系这条主线展开，但宏观调控始终贯穿其中。

二、研究方法

研究的方法应该服务和服从于所研究的对象以及要达到的研究目的，恰当的研究方法将有助于问题的分析和解释。本书主要研究了资本结构的影响因素以及其对公司绩效的影响，其中涉及会计学、财务管理学、金融学等多种学科，需要综合运用计量经济学、统计学等学科的知识进行实证研究和分析。

在对房地产上市公司资本结构的影响因素及资本结构和经营绩效之间的关系进行分析时，主要采用规范分析的理论逻辑推演和归纳总结相结合的方法，通过规范研究解析国内外学术界主要的研究思路、研究结构及其存在的局限性，并基于我国房地产上市公司的发展实际，选取影响变量和设计计量模型。实证研究主要利用各种数理统计分析方法对规范研究所提出的计量模型进行逐一检验，并结合我国房地产行业发展实际给出合理解释。实证分析中运用的统计和计量分析方法主要包括：描述性统计分析、面板数据固定效应模型分析、面板线性回归分析。描述性统计主要用来分析样本单个指标的总体分布情况；面板数据模型中的固定效应模型主要用来分析公司规模等微观因素对房地产上市公司资本结构的影响；面板线性回归主要分析宏观调控对房地产上市公司资本结构的影响以及股权结构、债务结构对公司绩效的影响。研究中借助 Ex-cel 软件进行基础数据的整理工作，使用 SPSS 和 Eviews 软件执行相关的统计计量分析与模型检验工作。

三、研究框架

本书由六大部分组成：第一部分是绪论，为本书的第一章；第二部分是理论基础与文献综述，即本书的第二章；第三部分是我国房地产上市公司的资本结构与绩效现状分析，即本书的第三章；第四部分为房地产上市公司资本结构微观影响因素的实证分析及宏观调控对房地产上市公司资本结构影响的实证分析，包括第四章和第五章；第五部分为基于EVA的我国房地产上市公司绩效评价与房地产上市公司资本结构对公司绩效影响的实证研究，包括第六章和第七章；第六部分为本书的结论和展望，即第八章。各章研究的主要内容如下：

第一章　绪论。主要介绍本书的研究背景、选题意义、核心概念的界定、研究思路、研究方法、研究框架以及本书的创新点等内容。

第二章　理论基础与文献基础。主要从三个方面展开分析：第一是研究的理论基础，本书的研究主要基于资本结构理论展开，通过对传统资本结构理论、现代资本结构理论、新资本结构理论的综述，为本书的研究奠定理论基础；第二是从公司所有权与经营权的分离和委托代理理论基础上对股权结构和资本结构影响公司绩效进行理论简析，为实证研究奠定理论基础；第三是资本结构研究文献综述，通过对国内外学者关于资本结构影响因素、资本结构与绩效之间关系的已有文献进行梳理找出研究的方向。

第三章　我国房地产上市公司的资本结构与绩效现状分析。本章通过对我国房地产上市公司股权结构、债务结构和经营绩效现状进行总结和分析，得出我国房地产上市公司资本结构的特点，为下一步研究作铺垫。

第四章　房地产上市公司资本结构微观影响因素的实证分析。在上一章我国房地产上市公司现状分析的基础上，本章从理论和实证的角度选取公司规模、可抵押资产比例、非负债税盾、净资产收益率、股权集中度、税收和总资产增长率这些微观因素并利用固定效应面板模型分析了它们和资本结构之间的相关关系，同时，针对分析结果结合我国房地产上市公司发展实际进行了分析。

第五章　宏观调控对房地产上市公司资本结构影响的实证分析。本章借鉴事件研究法的思想建立面板数据模型对政府的一系列房地产宏观调控政策进行定量分析，力求获得不同的调控政策对房地产上市公司资本结构的影响结果，为政府下一步制定宏观调控政策提供一定的参考。

第六章　基于EVA的我国房地产上市公司绩效评价。本章在回顾EVA理论的基础上对我国房地产上市公司2007—2009年的EVA值进行了计算，结果发现 EVA 指标所反映出的我国房地产上市公司经营绩效并非传统财务指标所反映的那么良好，传统财务指标在绩效评价时在某种程度上可能存在失真和扭曲。

第七章　房地产上市公司资本结构对公司绩效影响的实证研究。本章应用第六章计算出房地产上市公司的 REVA 结果作为衡量房地产上市公司的绩效指标，通过建立面板数据模型对房地产上市公司股权结构及债务结构与公司绩效的关系进行实证分析，同时为分析公司规模和房地产宏观调控对公司绩效的影响，在实证分析中还加入公司规模控制变量和宏观调控虚拟变量。

第八章　全书总结。在前面各章分析的基础上，总结全书的主要研究结论并提出对策建议，最后指出研究的局限性和今后的研究方向。本书的结构如图 1 - 1 所示。

第四节　本书的特色

本书的研究特色和可能的贡献主要表现在以下几个方面：

1. 目前国内对房地产上市公司资本结构影响因素的研究大部分都集中于微观因素。在国家加大房地产调控的大环境下，对宏观调控政策对房地产上市公司资本结构的影响到底如何、哪一种宏观调控政策对房地产上市公司资本结构影响更大等问题，学者们的研究还较少。本书在对房地产上市公司资本结构微观影响因素进行分析的基础上，还定量分析了宏观调控政策对房地产上市公司资本结构的影响，研究内容有所创新。

2. 在分析资本结构对房地产上市公司绩效影响时，本书分别从股权结构和债权结构两个角度分别分析了资本结构对绩效的影响，已有研究一般都关注股权结构及资产负债率对公司绩效的影响，很少关注银行借款比率对公司绩效的影响。由于银行信贷是房地产上市公司主要的资金来源，因此对银行借款比率与房地产上市公司绩效的关系进行分析很有针对性。另外，分析中也加入了宏观调控虚拟变量，使得分析结果更有实际意义。

3. 传统分析时都选用托宾 Q 值（Tobin's Q）或净资产收益率

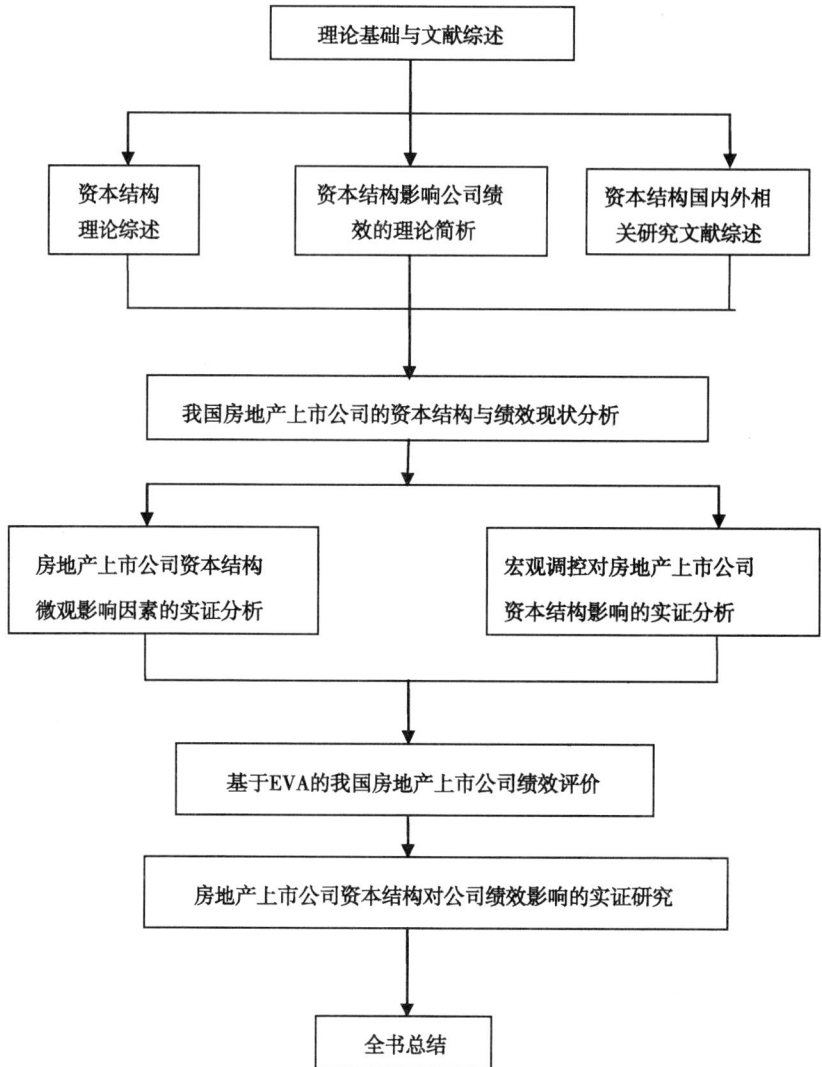

图 1 - 1　本书研究结构图

（ROE）作为衡量公司绩效的指标，本书在实证研究时运用 EVA 及其相关指标作为公司绩效的替代指标。EVA 在一定程度上解决了传统会计收益指标存在的问题，将股东财富与企业决策联系在一起，使经理层与股东利益趋于一致，与企业价值最大化目标一致，是比会计指标更好地评价公司价值和经营绩效的指标。因此，本书以 EVA 代表公司绩效进行研究，将得到比传统会计收益指标更客观的、有价值的结论。

4. 本书从微观方面和宏观调控层面分析了对房地产上市公司资本结构的影响，同时还借助于 EVA 指标对房地产上市公司股权结构、债务结构与经营绩效进行定量研究，与传统研究相比，研究具有一定的综合性。

第二章

理论基础与文献综述

自 1958 年 MM 定理诞生以来，诸多学者从不同的角度论述了资本结构理论。资本结构理论的发展经历了传统资本结构理论、现代（经典）资本结构理论和新资本结构理论三个阶段，各阶段的理论分支纷繁庞杂。本章将对资本结构的理论进行系统阐述，同时回顾国内外学者在资本结构对公司绩效影响方面的研究成果并进行总结评述。

第一节　资本结构理论

一、传统资本结构理论

资本结构理论的系统研究始于 1952 年。当年，Durand 在美国经济研究局召开的企业理财学术年会上公开发表了学术论文《企业债务和股东权益成本：趋势和计量问题》，这开辟了资本结构理论研究的先河[①]。Durand 系统地总结了资本结构理论，并将其分为净收入论（NI）、净经营收入理论（NOI）和传统理论。

1. 净收入理论

净收入理论是早期资本结构理论之一。该理论持有这样的观点：企业的资本成本可以通过负债来降低。如果企业有更高的负债，企业就会有更高的价值。这种理论基本上未考虑负债的财务风险因素，认为负债对企业总是有利的，负债为 100% 时企业价值最大。同时，该理论认为如果权益成本大于债务成本，那么随着负债的增加，企业加权平均资本

---

① David Durand. *Cost of Debt and Equity Funds for Business*: *Trends and Problems of Measurement. Conference on Research in Business Finance*, *National Bureau of Economic Research*, 1952, New York.

成本就随之减少，企业的价值就会增加。

2. 净经营收入理论

该理论假定，不管企业财务杠杆多大，债务融资成本和企业融资总成本是不变的，也就是说，财务杠杆不影响企业的价值。但是，当企业增加债务融资时，股票融资的成本就会上升。原因在于股票融资的增加会由于额外负债的增加，使企业风险增大，促使股东要求更高的回报。尽管如此，企业可以通过增加成本较低的负债融资而抵消成本较高的股权融资的影响，以减少融资的成本和风险。因此，负债比例的高低都不会影响融资总成本，也就是说，融资总成本不会随融资结构的变化而变化。但是，净经营收入理论对财务风险不重视，过分强调财务杠杆作用。一旦企业偿债能力出现问题，企业就会倒闭。尽管净经营收入理论支持债务融资会影响权益资本，但却认为企业不存在最优资本结构的结论，很显然，这与实际情况有所偏离。

3. 传统理论

传统理论的基本思路是：由于负债的减税利益及风险不同，负债成本一般小于权益成本。权益成本会随负债比率的提高而上升，因为负债比率提高，风险增大，主权资本要求的报酬率也增大。负债成本只有在负债比率有了较大的提高后才会上升，而且在负债开始增加时，权益成本的增加并不能完全抵消债务所带来的收益，从而使总的资本成本降低并提高公司价值。结果是，由于使用债务，企业综合资本成本会适度降低。但过了一定范围后，权益成本的增加完全抵消并超过使用债务带来的好处，企业综合的资本成本开始上升。一旦债务成本也开始增加，综合资本成本就会进一步增加，从而使企业价值降低。最优资本结构由某点代表，在该点企业综合资本成本最低，总价值最低。因此，传统理论认为，企业的资本成本取决于资本结构，而且存在一个最优的资本结构。

表面上看，传统资本结构理论与实际有一定的吻合度，但是该理论仍然局限于传统的财务学领域，很多都是理论上的推断，并没有从数学上进行严格的证明，因此该理论的关注度并不高。

二、现代资本结构理论

1. MM 理论

1958 年 6 月，MM 理论由美国学者 Modigliani 和 Miller 在《美国经济评论》发表的《资本成本、公司财务与投资理论》一文中首次提出[1]。1961 年，Miller 和 Modigliani 在《股利政策、增长及股票估价》中进一步阐述并发展了这一理论[2]。此后，分别在 1963 年和 1977 年发表研究论文修正该理论，主要是将理论放宽到考虑所得税的情况，并得出相应结论，称之为考虑税收的 MM 理论，也即修正的 MM 理论。随后，Baxter（1967）、Siglitz（1969）、Kraus 和 Litzenberger（1973）、Scott（1975）、Warner（1977）、Haugen 和 Senbet（1978）、Heinkel（1982）等学者在 MM 定理基础上进一步修正，将负债的减税效应与预期成本或损失考虑进来，同时在收益与成本之间进行权衡以确定公司价值，这类研究观点被称为平衡理论，其中最具代表性的是米勒模型[3][4][5][6][7][8][9]。一般来说，MM 理论的发展经历了三个阶段：不考虑所得税的 MM 模型、考虑所得税的 MM 模型以及米勒模型。

最开始的 MM 理论中有五个基本假设：①对于每家公司未来能产生的息税前收益以及这些收益的风险所有投资者都有相同的预期；②其息税前盈余的标准差用于衡量公司经营风险，具有相同经营风险的公司在同类风险级；③投资者（包括个人和组织）可与公司一样以相同利率

①　Modigliani F. and Miller M. H. *The Cost of Capital，Corporation Finance，and the Theory of Investment. American Economic Review*，1958（48）.

②　Merton H. Miller and Franco Modigliani. *Dividend Policy ，Growth，and the Valuation of Shares. Journal of Business*，1961（34）.

③　Nevins. D. *Leverage，Risk of Ruin and the Cost of Capital. Journal of Finance*，1967（22）.

④　J. E. Siglitz. *A Examination of the Modigliani Miller Theorem. American Economic Review*，1969（59）.

⑤　Kraus. *A state-preference model of optimal financial leverage. Journal of Finance*，1973（28）.

⑥　Scott David F. and John D. Martin. *Industry Influence on Financial Structure. Financial Management.* 1975（1）.

⑦　J. B. Warner. *Bankruptcy Costs：Some Evidence. Journal of Finance*，1977（32）.

⑧　Haugen Robert A. and Senbet L. W. *The Insignificance of Bankruptcy Costs to the Theory of Optimal Capital Structure. Journal of Finance*，1978（33）.

⑨　Heinkel R. *A Theory of Capital Structure Relevance under Imperfect Information. Journal of Finance*，1982（37）.

贷款，资本市场上证券交易没有交易成本；④公司和个人的负债无风险，负债利率可视为无风险利率；⑤公司预期现金流量每年都产生且会一直持续下去，金额固定不变，假定公司为零增长率状态。

（1）不考虑所得税的 MM 模型

1958 年 Miller 与 Modigliani 以上述基本假设为逻辑起点，进一步对理论进行推导，得出了三个命题。

命题一是关于资本结构对公司价值的影响。通过理论模型推导得出，不管一家企业有没有负债，其价值等于预期息税前盈余（EBIT）除以适用于其风险等级的报酬率，风险报酬率的高低取决于公司的负债程度。用公式表示如下：

$$V_L = V_U = \frac{EBIT}{K_d} = \frac{EBIT}{K_{eu}} \tag{2-1}$$

式（2-1）中，V_L 和 V_U 分别代表有负债和无负债公司的价值，K_d 和 K_{eu} 分别表示有负债的加权平均资本成本和无负债的权益资本成本，EBIT 代表预期息税前盈余。在该命题中包含以下结论：

第一，公司的价值不会受资本结构的影响。有财务杠杆公司的价值等同于无财务杠杆公司的价值。

第二，公司的风险等级决定 K_d 和 K_{eu} 的高低。

第三，有负债公司的加权平均资本成本 K_d 等于与该公司属于相同的风险等级、无负债公司的权益资本成本 K_{eu}。

命题二是关于资本结构对公司股本成本的影响。通过理论模型推导表明，负债公司的股本成本等于同一风险等级的无负债公司的股本成本加上风险报酬率。负债比率决定风险报酬率的大小，具体计算方法为无负债公司的股本成本减去债务资本成本后，乘以负债公司的债务权益比。其公式为：

$$K_{el} = K_{eu} + \frac{(K_{eu} - K_d)B}{V} \tag{2-2}$$

式（2-2）中，K_{eu} 为无负债公司的股本成本，K_{el} 为有负债公司的股本成本，为 $\frac{B}{V}$ 财务杠杆。

命题二中包含着这样的结论，即随着负债比率的上升，有负债公司的权益资本成本会随之增加，因此，随着财务杠杆的增加股东的风险也随之增加。

根据这两个命题所包含的结论看，权益资本的风险随债务资本的增加而增大，公司低成本举债带来的收益正好会被权益资本成本的上升所抵消。在均衡时，有负债公司的加权平均资本成本等于无负债公司的权益资本成本。因此，从 MM 定理可得到结论，在市场处于均衡状态下时，在不考虑公司和个人所得税的情形下，公司的价值和资本成本不会受公司资本结构变动的影响。

另外，MM 定理还推导出关于资本结构对公司投资行为影响的第三个命题，即

命题三：在上述假设前提下，公司的融资方式同样完全不影响企业投资决策。

（2）考虑所得税的 MM 模型

Modigliani 和 Miller（1963）①继续在《企业所得税和资本成本：一个修正》一文中探讨 MM 模型，并将模型扩展到考虑公司所得税的情形下，以修正无税模型不足，得出的结论与无税收的 MM 模型刚好相反，即负债会因避税作用而增加公司的价值，因此，公司负债率越高价值越大。考虑所得税的 MM 模型，推导出两个基本命题：

命题一：具有负债公司的价值等于相同风险等级的无负债公司的价值加上负债的节税收益。其中，负债的节税收益等于公司所得税税率乘上负债总额 D。

$$V_L = V_U + T_c D \qquad\qquad (2-3)$$

命题一包含着这样的推论，即在引入公司所得税后，具有负债的公司价值会比未负债时要高 $T_c D$，并且负债越多，显然公司价值越高。当公司负债达到 100% 时，也就是资本结构完全由负债构成时，公司的价值达到最大，当然这里并没有考虑到公司在高负债下的破产风险。

命题二：具有负债公司的权益成本等于无负债公司的权益成本加上一定风险报酬，而风险报酬值的大小由负债比例与公司所得税而定。

---

① Modigliani F. and Miller M. H. *Corporate Incomes Taxes and the Cost of Capital: A Correction*. *American Economics Review*, 1963 (53).

$$K_{el} = K_{eu} + \frac{(K_{eu} - K_d)(1 - T_c)D}{E} \qquad (2 - 4)$$

由于 $(1 - T_c) < 1$，即在考虑公司所得税后，虽然权益资本成本还会随着负债比例的提高而上升，但其上升幅度低于不考虑所得税时的上升幅度。又因为负债的税盾效应，使模型推导出命题一的结论，即企业公司负债越多，其加权平均资本成本越低，公司价值越高。

（3）米勒模型

米勒（1977）在《债务与税收》一文中探讨了负债对企业价值的影响，建立了一个既考虑公司税收因素又考虑个人所得税因素的理论模型[1]。经过模型的理论推导，米勒得出以下推论：个人所得税会使债务利息的税盾效应在某种程度上抵消，但在正常的税率情况下，负债的税盾效应并不会完全消失。可以看出，在米勒模型推导的结论中，虽然认为个人所得税的存在会减弱负债的税盾效应，但仍然得到企业价值与其负债水平正相关的推论，公司仍将在负债比例为100%时将获得最大的市场价值。

米勒模型的基本公式如下：

$$V_L = V_U + \left[\frac{(1 - T_c)(1 - T_s)}{(1 - T_D)} \right] \times B \qquad (2 - 5)$$

其中，T_s 是股票收入的个人所得税率，T_D 是利息收入的个人所得税率。从米勒模型的推导的结论显示，考虑公司税的 MM 模型高估了公司负债的税盾效应，因为公司利息支付的节税收益会被个人所得税在某种程度上抵消，减少了负债公司的市场价值。不过，米勒模型的结论与考虑公司税的 MM 模型都认为公司负债越大越好，100% 负债的公司市场价值最大。

MM 理论是许多新的资本结构理论的基础，如权衡理论、融资优序理论以及代理理论，同时，MM 理论包含的理论分析方法，使资本结构理论研究体系更具科学化。当然，MM 理论中也存在一些局限性，争议最大的地方在于该理论的前提假设过于理想化，与经济现实不符，比如投资者在资本市场的交易没有交易成本。这些不足在为 MM 理论进一步

---

① Miller M. H. *Debt and Taxes. Journal of Finance*，1977（32）.

发展提供研究方向的同时，也为新的资本结构理论模型提供现实基础。

2. 权衡理论

权衡理论以 Modigliani 和 Miller（1958）提出的 MM 定理为基础。MM 定理在严格的假设前提下推导出公司价值与公司资本结构无关的结论。然而 MM 定理的假设前提过于理论化，难以为企业的融资行为作出合理的解释。针对 MM 理论中三个模型的局限性，Baxter（1967）[①]、Siglitz（1969）[②]、Kraus 和 Litzenberger（1973）[③]、Scott（1975）[④]、Warner（1977）[⑤]、Haugen 和 Senbet（1978）[⑥] 提出了权衡理论，即负债的减税收益与预期成本或损失应放在一起同时来考虑，另外，在确定公司价值时，应对收益和成本进行适当权衡。

权衡理论认为，企业可以从负债的税盾效应中获得收益，财务杠杆增加进而公司价值增加，但由于公司负债成本的存在，使在公司负债规模较小时，公司市场价值与财务杠杆成递减函数关系，一旦财务杠杆持续扩大，公司的价值将会减少，公司存在一个最优的负债水平。

（1）资本结构与公司价值

在所有的 MM 理论模型中，都推导出公司的市场价值会随着公司负债的增加而不断增加，公司的最大价值在负债为 100% 时实现，没有考虑负债增加给公司带来的破产风险。而在权衡理论中加入了负债会导致公司破产的因素，公司的市场价值被表示为权益资本市场价值加上税盾效应的现值，再减去破产成本现值。权衡理论关于资本结构与公司价值的关系可用公式表示：

$$V_L = V_U + T_c B - PVFD - PVDC \qquad (2-6)$$

上式中，V_L 为有负债公司的价值；V_U 为无负债公司的价值；$T_c B$ 为税盾效应现值；$PVFD$ 和 $PVDC$ 分别为破产成本现值和代理成本现值。

---

① Nevins. D. *Leverage, Risk of Ruin and the Cost of Capital. Journal of Finance*, 1967 (22).

② J. E. Siglitz. *A Examination of the Modigliani Miller Theorem. American Economic Review*, 1969 (59).

③ Kraus. *A state-preference model of optimal financial leverage. Journal of Finance*, 1973 (28).

④ Scott David F. and John D. Martin. *Industry Influence on Financial Structure. Financial Management*. 1975 (1).

⑤ J. B. Warner. *Bankruptcy Costs: Some Evidence. Journal of Finance*, 1977 (32).

⑥ Haugen Robert A. and Senbet L. W. *The Insignificance of Bankruptcy Costs to the Theory of Optimal Capital Structure. Journal of Finance*, 1978 (33).

　　当公司负债比例较低时，难以产生破产成本，此时税盾效应对公司价值起主导作用，于是，由于存在税盾效应，随着企业负债水平的提高，企业的价值也随之增加。然而，当企业负债水平达到一定程度时，企业的代理成本和破产成本就会抵消负债的税盾效应。只有当边际负债节税收益等于企业破产成本和代理成本的边际值时，企业价值实现最大，资本结构也达到最优。此时若公司继续加大负债水平，公司价值会因破产成本和代理成本大于负债的节税收益而下降，负债水平越高，公司价值损失就越大。

　　在权衡理论中有了均衡的思想，开始寻找公司资本结构中的最优解，为资本结构研究展示了一条新的研究思路。另外，权衡理论放松了MM理论中关于企业能持续经营、企业破产与企业融资政策无关的假设，引入了企业破产成本概念，并在此基础上探讨了股票投资者和债券投资者相互关系的变化及其对公司价值的影响。

　　（2）税收效应和破产效应

　　针对MM理论所存在的局限性，权衡理论将公司破产成本引入理论模型的假设前提中考虑，并认为公司存在最优资本结构，使得公司债务节税的边际收益等于公司破产的边际成本，公司价值达到最大。

　　税收效应：由于同时考虑公司所得税与个人所得税，税收对公司资本结构的影响有正负两个方面。一方面，负债可以减少公司税的支出，使公司倾向于增加负债来避税；而另一方面，利息带来个人所得税的增加，从而增加融资成本。Miller（1977）研究表明，在一定条件下，债务融资的公司税收的减少正好与个人所得税增加相抵[①]。

　　破产效应：权衡理论与MM理论相比主要不同在于将负债给企业带来的预期成本和损失在理论模型中考虑。在权衡理论中，这一预期成本可分为公司破产成本和代理成本，这两类成本也被称为权衡理论的破产效应。

三、新资本结构理论

　　20世纪70年代MM理论被信息不对称理论所取代作为资本结构理

---

①　Miller M. H. *Debt and Taxes. Journal of Finance*，1977（32）.

论研究的中心，这一研究重点的转变可以作为现代资本结构理论与新资本结构理论的分水岭。新资本结构理论中，基于信息不对称理论建立起来的有代理成本理论、信号传递理论、优序融资理论，而控制权理论、产品要素市场理论、市场相机抉择理论则从不同的角度来研究资本结构的[①]。

1. 代理成本理论

Jensen 和 Meckling（1976）对代理理论与资本结构理论进行了开创性的研究[②]，他们认为公司中存在最优资本结构的均衡，因为公司的股权的代理成本和债权的代理成本变化是反方向的，最优资本结构在两种代理成本之间进行权衡。公司的资本结构要实现最佳，只有在股权的边际代理成本等于债权的边际代理成本时才能实现。与平衡理论不同，代理理论主要是基于信息不对称基础上来研究资本结构对公司管理者行为影响的重要性问题，它认为公司管理者会受到来自公司负债融资的激励。当然，不同的激励理论模型认为产生激励的原因不同。代理成本理论通过有代理关系产生的代理成本的视角来研究资本结构，把研究中心转向内部的资本结构决策，对于以前的现代资本结构理论来说是一大创举。

2. 信号传递理论

Ross（1977）在《贝尔经济学刊》发表的文章《财务结构的决定：激励和信号方法》中运用不完全动态博弈理论分析公司的资本结构，将非对称信息引入资本结构理论中，提出了资本结构信号传递理论。该理论认为，对于一个企业来讲，其内部经营信息更容易被投资者了解，而不是投资者，因此，投资者只能通过经营者发出的信息来评价企业价值[③]。经营者发出的一个重要信号就是资本结构，投资者对企业价值的评价以及是否投资的决策都依赖于对此信号的判断。信号传递理论的研究背景就是基于公司内部管理者与外部投资者关于公司质量和投资机会

---

① 谭克：《中国上市公司资本结构影响因素研究》，经济科学出版社 2005 年版。

② Michael C. Jensen and William H. Meckling. *Theory of the Firm：Managerial Behavior，Agency Costs and Ownership Structure. Journal of Financial Economics*，1976（3）.

③ Ross，S. *The Determination of Financial Structure：The Incentive Signaling Approach. Journal of Economics*，1977（8）.

等方面存在信息不对称的现实。该理论认为：由于公司内部管理者和外部投资者之间存在信息不对称，因此有可能影响内部管理者投资决策和外部投资者的投资激励。

3. 优序融资理论

Myers（1984）在对资本结构理论研究中引入信息不对称思想，建立优序融资理论。该理论假设公司经理人比任何其他人都清楚所要投资项目的"真实"价值，并且假设经理人是以公司现有股东的利益为出发点[1]。同时，该理论还假定公司的现有股东是被动的，即现有股东不会根据公司经理人的决策而调整其投资组合使经理人的决策对他们失去影响。经理人与投资者之间关于企业的信息不对称意味着，公司经理人发现了净现值为正的绝佳投资机会，也难以将此信息传递给投资者。在信息不对称的前提下，与外部投资者相比，作为公司经营者的经理人对公司风险和收益的内部信息掌握得更多和更直接，这也使得外部投资者只能通过公司所传递的相关信号来对企业的市场价值进行评价，因此公司的资本结构就是投资者了解公司内部信息的一种信号。一般来说，企业一般采用的融资次序是：内部融资、债务融资、股权融资。

4. 控制权理论

20 世纪 80 年代开始，欧美国家公司并购活动日益活跃，并购市场的发展使许多研究学者开始关注公司控制权与资本结构的关系，并形成了资本结构控制权理论，也被称为资本结构治理控制学派。资本结构控制权理论强调的是一种权力分配与争夺，主要研究资本结构对控制权的分配，以及并购活动中管理层如何根据其对控制权的偏好而选择不同的资本结构。Harris 和 Raviv（1988）认为经理人为了保留其控制权，会通过资本结构的调整来影响控制权的分配，从而影响企业的市场价值[2]。Stulz（1988）对公司经营者所拥有的权益比重与

---

① Myers S. C. and Majluf N. S. *Corporate Financing and Investment Decisions When Firms Have Information That Investors Do not Have. Journal of Financial Economics*，1984（13）.

② Harris M. and Raviv，A. *Corporate Control Contests and Capital Structure. Journal of Financial Economics*，1988（20）.

外部（非竞争者）股权价值之间的关系进行了研究①。他们两人研究的区别在于，前者的最优资本结构是通过经理人的期望效用最大化来决定，而后者是通过被动投资者的期望收益最大化来决定。Zwiebel（1996）、Novaes（2003）则进一步提出了经理控制（或管理者控制）理论假说。经理控制理论认为：在没有受到外部接管威胁或其他治理机制的约束时，经理人尽量减少债务融资，以降低公司债务所带来的财务风险，减少其控制权收益所受的约束；但当其受到外部接管威胁时，经理会采取增加负债比率以增加外部公司接管的难度，起到抵御恶意接管的作用②③。

5. 产品要素市场理论

进入 20 世纪 80 年代以来，有一些学者认为资本结构也受到经济中实质因素的影响：（1）公司的资本结构与产品市场上的竞争战略之间的相互作用关系探讨。Brander 和 Lewis（1986）研究认为在不完全竞争的市场中一家企业的产品竞争力与其负债水平存在正的相关性。即公司财务杠杆的增加使得公司股东选择风险更大的投资策略，寡头垄断商通过制定更加进攻性的产出政策将增加投资的风险，因此，企业如果选择比竞争对手更高的负债水平，表明在以后的竞争中会采取更为冒险的产出策略④。（2）公司资本结构与其投入品或产出品特征之间的相互作用关系探讨。Titman（1984）研究认为当企业在破产清算时，如果能将潜在的高成本强加给消费者和利益相关者的公司，这类公司可选择相对低的负债比率的资本结构。而消费者成本强加能力比较弱的公司，只能选择相对高的负债比率的资本结构⑤。产品要素市场理论的一大突破是它将产业组织理论与公司金融理论相结合，并论述了资本结构与产品市场

① Stulz R. Managerial Control of Voting Rights: Financial Policies and the Market for Corporate Control. Journal of Financial Economics, 1988（20）.

② Zwiebel J. Dynamic Capital Structure under Managerial Entrenchment. American Economic Review, 1996（86）.

③ Novaes W. Capital Structure Choice When Managers Are in Control: Entrenchment versus Efficiency. Journal of Business, 2003（76）.

④ Brander J. A. and Lewis T. R. Oligopoly and Financial Structure: the limited Liability Effect. American Economic Review, 1986（76）.

⑤ Titman S. The Effect of Capital Structure on a Firm's Liquidation Decision. Journal of Financial Economics, 1984（13）.

战略和产品特性之间的关系。

6. 市场相机抉择理论

Baker 和 Wurgler（2002）发表《市场择时与资本结构》一文，市场相机抉择理论首次被明确提出。该理论认为，在不完全市场的条件下，企业在资本市场的相机行为可以获利[①]。Korajczyk 和 Levy（2003）研究表明，无财务约束企业的融资选择受宏观经济条件影响显著，而对于受到财务约束企业的融资选择受宏观经济条件影响不大，在宏观经济景气的时候无财务约束的企业可以选择融资时机，而受到财务约束的企业则无从选择[②]。

综上所述，资本结构理论的发展主要经历了传统资本结构理论、现代（经典）资本结构理论和新资本结构理论三个阶段，各阶段理论汇总如表 2 - 1 所示。

表 2 - 1　　　　　　　　资本结构理论发展

发展阶段		代表人物	资本结构理论的主要内容
传统资本结构理论		Durand，1952[③]	净收入理论、营业收益理论以及折中理论
经典资本结构理论	MM 理论	Modigliani 和 Miller，1958[④]	MM 理论、修正的 MM 理论以及米勒模型
	权衡理论	Baxter， 1967[⑤]； Siglitz，1969[⑥]； Scott，1975[⑦]	权衡理论的破产效应和税差效应，并形成两大研究学派

---

① Baker M. and Wurgler J. *Market Timing and Capital Structure. Journal of Finance*，2002（57）.

② Korajczyk R. A. and Levy A. *Capital Structure Choice*：*Macroeconomic Conditions and Financial Constraints. Journal of Financial Economics*，2003（68）.

③ David Durand. *Cost of Debt and Equity Funds for Business*：*Trends and Problems of Measurement. Conference on Research in Business Finance*，*National Bureau of Economic Research*，1952，New York.

④ Modigliani F. and Miller M. H. *The Cost of Capital*，*Corporation Finance*，*and the Theory of Investment. American Economic Review*，1958（48）.

⑤ Nevins. D. *Leverage*，*Risk of Ruin and the Cost of Capital. Journal of Finance*，1967（22）.

⑥ J. E. Siglitz. *A Examination of the Modigliani Miller Theorem. American Economic Review*，1969（59）.

⑦ Kraus. *A state-preference model of optimal financial leverage. Journal of Finance*，1973（28）.

续表

发展阶段		代表人物	资本结构理论的主要内容
新资本结构理论	代理成本理论	Jensen 和 Meckling，1976①	代理成本模型
	信号传递理论	Ross，1977②	Ross 模型
	优序融资理论	Myers，1984③	确定最优资本结构时，考虑投资者对公司价值不同预期
	控制权理论	Harris 和 Raviv，1988④；Stulz，1988⑤	哈里斯模型及斯图茨模型
	产品要素市场理论	Brander 和 Lewis，1986⑥	资本结构与产业理论结合
	市场相机抉择理论	Baker 和 Wurgler，2000⑦	股票发行与收购时机问题

第二节　资本结构影响公司绩效的理论简析

一、股权结构影响公司绩效的理论简析

国外对股权结构的研究正是从公司所有权与经营权的分离和委托代理理论基础上开始的，而正是由于公司所有权与经营权的分离和委托代理关系的存在，完善上市公司的治理结构被认为是提高公司绩效的重要途径。现代公司治理结构认为，公司治理结构是一种联系并规范股东（财产所有者）、董事会、高级管理人员权利和义务分配，以及与此有

---

① Michael C. Jensen and William H. Meckling. *Theory of the Firm：Managerial Behavior*，*Agency Costs and Ownership Structure. Journal of Financial Economics*，1976（3）.

② Ross，S. *The Determination of Financial Structure：The Incentive Signaling Approach. Journal of Economics*，1977（8）.

③ Myers S. C. and Majluf N. S. *Corporate Financing and Investment Decisions When Firms Have Information That Investors Do not Have. Journal of Financial Economics*，1984（13）.

④ Harris M. and Raviv，A. *Corporate Control Contests and Capital Structure. Journal of Financial Economics*，1988（20）.

⑤ Stulz R. *Managerial Control of Voting Rights：Financial Policies and the Market for Corporate Control. Journal of Financial Economics*，1988（20）.

⑥ Brander J. A. and Lewis T. R. *Oligopoly and Financial Structure：the limited Liability Effect. American Economic Review*，1986（76）.

⑦ Baker M. and Wurgler J. *Market Timing and Capital Structure. Journal of Finance*，2002（57）.

关的聘选、监督等问题的制度框架。在该体系中，股权结构是基石，公司的权力构成和利益分配都由它来决定。不同的股权结构下，委托人对代理人行为承担的风险和收益是不同的，因此委托人对代理人的监控能力和积极性也不同。股权结构与公司治理效率密切相关，股权结构决定着公司治理结构，适度的股权结构是影响公司治理效率的决定因素之一。

股权结构对公司治理结构效率的影响主要可从以下两个方面来分析：（1）股权集中度与公司绩效。研究表明，适度的股权集中可能会提高公司绩效。由于大股东有足够的激励去收集信息并具有限制管理层牺牲股东利益、谋取自身私利的经济激励及能力，因此可以更有效地监督经理层的行为，有助于增强接管市场运行的有效性，降低经理层的代理成本；大股东的监督控制属于公司内部监控，花费较少，治理成本也比较低。总的说来，股权集中或分散的适度性应该表现为使这两种代理成本之和为最低的股权比例。（2）股权所有者结构与公司绩效。如果持股者是自然人，尽管他们的动机也是追求利益最大化，也非常希望能够对公司经营者进行有效的监督，但由于个人股东特别分散，很难形成合力，而且许多个人股东采取"搭便车"的行为来减少自己的治理成本，或是采取"用脚投票"的方式来制约公司经营者的行为，即靠股票的流动性带来的收购接管行为对公司经营者起到监督作用。如果持股者是法人（如基金公司），由于不像流通股持有者以追求短期市场价差为目的，他们更注重长期良好的股利回报，更关注公司中长期的经营发展状况，因此他们更具有"经济人"的理性特征，即对公司具有较强的治理能力，可以促进公司的迅速发展。然而，当法人持股比例超过一定程度时，股票就过于稳定，公司的融资效果将大打折扣。并且一旦存在持有大股份的法人对公司经营管理者的经营行为进行干涉，公司的经营绩效反而会降低。

二、负债影响公司绩效的理论简析

和股权融资一样，负债是一种重要的融资方式。综合看来，负债主要通过以下的途径影响公司价值：（1）负债的避税效应。负债的避税效应是研究负债与公司价值及绩效的起点，许多学者从不同角度研究了不同税收制度下，负债借助避税效应对公司价值的影响。（2）负债的破产成本。企业资产负债率上升可以为企业节约税收支付，但同时也增加了破产的概率，破产可能导致债权人和股东（所有者）之间的利益冲突明显化，降低公司价值。（3）负债的信息效应。由于内部人和外部人之间的信息不对称，公司可以通过改变债务结构或融资行为向市场发动关于公司价值的信号。因此，善于经营的管理者可以通过选择不同的资本结构显示或增加公司价值。（4）负债的监督激励效应。负债要求定期支付一定的现金流，从而减少公司经营管理者可以任意支配的现金流，一定程度上对管理者的在职消费和过度投资行为起到抑制。另外，当公司经营不善时，债权人可以强制公司破产，给管理者造成极大压力。因此，负债作为一种担保机制可以促使管理者作出更好的投资决策，缓和股东和管理者之间的利益冲突、降低控制权和所有权分离产生的代理成本。最后，由于负债放大了管理者持有公司的股权比例，因此对管理者具有较大的激励效应。（5）负债的控制权效应。债权人不拥有公司的投票权，股东拥有公司的投票权。管理者可以通过增加负债水平，相应地扩大自己所能够控制的股权份额，有效地抵御外部投资，因此，负债可以与代理权争夺和并购结合起来，作为公司的反接管工具，进而影响公司价值①。

提高公司价值及绩效的关键是解决由于出资主体多元化带来的利益相关者之间的利益冲突以及所有权和控制权分离带来的委托代理矛盾。由于所有权与经营权的分离，"委托—代理"问题就会产生。正是委托人和代理人之间因契约而产生的代理问题才导致代理成本的发生。负债的代理成本主要包括：来自于负债影响公司投资决定的机会成本；债券持有者与所有者、管理者之间的监督与合同成本；与破产和重组相联系的成本，以上各项代理成本的存在从不同方面影响到了公司的价值，股份公司中的委托代理矛盾是债务结构影响公司价值及绩效的最终原因。

---

① 郭春丽：《融资结构与公司价值研究——一个综合分析框架及其在中国上市公司的应用》，人民出版社 2006 年版。

第三节 资本结构国内外相关研究文献综述

一、资本结构影响因素的研究综述

1. 国外研究现状

理论的发展离不开实践的检验，为了验证和解释众多的资本结构理论，西方学者进行了大量的实证研究。这些实证研究主要集中在两大类：一类集中验证某些理论，如破产成本理论、代理成本理论和优序融资理论等；另一类则集中探讨公司资本结构的影响因素。

Titman 和 Wessels（1988）以 1972—1982 年美国制造业中的 469 家上市公司为研究样本全面研究了资本结构的决定因素。他们首先采用因素分析法确定了影响资本结构的八个因素，然后建立线性结构方程模型进行回归分析。研究发现：资产负债比率与盈利能力显著负相关；非负债税盾、盈余变动性、成长性与负债比率间无显著关系[①]。Rajan 和 Zingales（1995）通过对西方主要工业国家（G-7）数据的分析，发现这些国家上市公司在资本结构的选择上大致相同。同时，公司绩效和盈利能力呈负相关关系，而且随着公司规模的增加，这种关系在不断加强[②]。Jordan、Lowe 和 Taylor（1998）选取的研究样本是 275 家英国私人或独立的中小型企业，财务数据区间为 1989—1993 年，同时结合问卷调查对公司作出财务决策时的考虑因素进行了系统研究。研究发现：负债与资本密集、营业风险、获利率这些财务因素呈正相关，与税率和现金流量呈负相关，与营业额无相关关系[③]。Booth 等人（2001）通过对 10 个发展中国家的资本结构影响因素进行实证检验，得到以下结论：在债务比率的影响因素和作用方式上，发展中国家和发达国家基本相似；国内生产总值增长速度、通货膨胀率和资本市场发展水平等国别因

---

① Titman S. and Wessels R. *The Determinants of Capital Structure*. Journal of Finance, 1988（43）.

② Rajan R. and Zingales L. *What Do We Know about Capital Structure? Some Evidence from International Data*. Journal of Finance, 1995（50）.

③ Jordan J., Lowe J. and Taylor P. *Strategy and Financial Policy in UK Small Firms*. Journal of Business Finance and Accounting, 1998（25）.

素对财务比率存在影响巨大，财务影响因素中盈利能力最为突出①。
Frank 和 Goyal（2003）选择了美国的非金融企业 1950—2000 年包括近
20 万个观测值的庞大数据对上市公司资本结构的 39 个影响因素进行了
实证分析，研究结果显示美国上市公司的资本结构和以下因素有重要的
相关性：与公司规模正相关、与破产成本负相关、与股利政策负相关、
与市场价值财务杠杆比率之间呈负相关②。Akhtar（2005）以 1992—
2001 年的跨国公司和国有公司为样本，探讨了澳大利亚公司资本结构
的决定因素。研究发现：无论对哪一种类型的公司，公司规模、盈利能
力和成长性对财务杠杆影响显著；对国内公司来说，可抵押资产价值对
财务杠杆影响显著；对跨国公司来讲，破产成本是显著的；对所有公司
来说，资本结构的影响因素随着样本时期的变化而变化③。Nguyen 和
Ramachandran（2006）研究了越南中小企业的资本决定因素，研究发现
中小企业更倾向于短期负债，其资本结构与企业成长性、经营风险、公
司规模和银企关系正相关，与可抵押资产负相关，盈利能力与资本结构
关系不显著④。Pao（2007）利用 2000—2005 年的面板数据对台湾地区
高科技企业资本结构的决定因素进行了实证，分析发现由于有更高投资
机会的公司对资本有更高的需求，因此经营风险是决定高科技企业资本
结构最重要的因素，经营风险与资本结构高度正相关⑤。

　　2. 国内研究现状

　　资本结构理论国内较早研究的是朱民和刘珊珊（1989）的《企业
金融结构之谜——现代企业资产结构理论探析》，书中介绍了现代资本
结构理论的主要内容及其发展演化过程⑥。张维迎（1995）的《公司融

　　①　Booth L. , Aivazian V. and Demirguc-Kunt A. *Capital Structure in Developing Countries. Journal of Finance*, 2001（56）.

　　②　Frank M. Z. and Goyal, V. K. *Testing the pecking order Theory of Capital Structure. Journal of Financial Economics*, 2003（67）.

　　③　Akhtar S. *The Determinants of Capital Structure for Australian Multinational and Domestic Corporations. Australian Journal of Management*, 2005（30）.

　　④　Nguyen T. D. K and Ramachandran N. *Capital Structure in Small and Medium sized Enterprises: The Case of Vietnam. ASEAN Economic Bulletin*, 2006（23）.

　　⑤　Pao Hsiao-Tien. *Capital Structure in Taiwan's High Tech Dot Companies. Journal of American Academy of Business*, 2007（12）.

　　⑥　汤敏、茅于轼：《现代经济学前沿专题》，商务印书馆 1989 年版。

资结构的契约理论：一个综述》则较详细地介绍了企业融资的激励模型、控制模型等①。沈艺峰（1999）的《资本结构理论史》则较完整地论述了企业资本结构理论的发展演化过程②。近年来，我国在不断深入资本结构理论研究的同时也出现了关于资本结构的实证研究，代表性研究如下。

陆正飞和辛宇（1998）首先按不同行业对沪市 1996 年上市公司进行分组，同时计算出各行业公司资本结构的统计指标加以比较分析，重点研究行业因素对资本结构的影响是否存有重大差别。接下来，以机械及运输设备业的 35 家上市公司为研究样本对其资本结构与各影响因素进行多元线性回归分析，结果是资本结构（长期负债比率）与盈利能力呈显著负相关；公司规模、可抵押资产、公司成长性等因素对资本结构的影响不甚显著③。冯根福（2000）选取 1995 年以前上市的、并只发行 A 股的 234 家公司为研究样本，利用其 1996—1999 年的财务数据对资本结构的影响因素进行回归分析。结果是公司规模和负债比率显著正相关，公司资产负债率、流动负债比率与公司盈利能力呈显著负相关，负债比率和公司成长性无显著相关性④。洪锡熙和沈艺峰（2000）采用卡方检验对 1995—1997 年在上海证券交易所上市的 221 家工业类公司进行统计分析发现，公司负债比率与企业规模和盈利能力显著正相关，公司权益和成长性这两个因素不影响企业资本结构的选择⑤。王娟和杨凤林（2002）选取 2000 年深沪市场非金融类公司为研究样本对资本结构的微观决定因素进行实证分析，分析发现影响资本结构变动的第二大因素是盈利能力。但是两盈余指标——净资产收益率（ROE）与内部留存收益（ERP）对资本结构的影响完全相反⑥。肖作平和吴世农

①　张维迎：《公司融资结构的契约理论：一个综述》，《改革》1995 年第 4 期。

②　沈艺峰：《资本结构理论史》，经济科学出版社 1999 年版。

③　陆正飞、辛宇：《上市公司资本结构主要影响因素之实证研究》，《会计研究》1998 年第 8 期。

④　冯根福、吴林江：《我国上市公司资本结构形成的影响因素分析》，《经济学家》2000年第 5 期。

⑤　洪锡熙、沈艺峰：《我国上市公司资本结构影响因素的实证分析》，《厦门大学学报》（哲学社会科学版）2000 年第 3 期。

⑥　王娟、杨凤林：《基于现金流的现代资本结构研究的最新进展》，《外国经济与管理》2002 年第 1 期。

（2002）选择 1996 年 1 月 1 日之前在深市上市的 117 家公司作为样本，以 1996—1998 年报数据为基础，选用了 9 个影响上市公司资本结构的变量，利用多元回归分析的方法具体分析他们的资本结构情况，发现我国资本市场的发展存在着许多与国外不同的特征，上市公司资本结构与现代资本结构理论存在相悖之处①。文忠桥（2006）利用上市公司的截面数据，从实证的角度对我国上市公司资本结构的影响因素进行分析与比较，结果发现，影响上市公司资本结构的因素并不是稳定不变的。因此，用一种理论解释上市公司资本结构的影响因素是不现实的②。肖泽忠和邹宏（2008）研究了中国上市公司的股权融资偏好和资本结构的影响因素，提供了一种检验中国上市公司股权融资偏好说的方法，研究发现总体上国有股、法人股和外资股比例对上市公司总的负债率没有显著影响，但是国有控股公司的长期负债率要高于非国有公司。在发达国家研究公司财务杠杆决定因素时经常采用的变量，如公司规模、有形资产比率、成长机会和获利能力等，在中国上市公司中同样重要，并有着相似的作用③。张程等（2010）对 2005—2008 年我国大型与中小型上市公司的资产负债率进行了实证研究，结果发现：大型上市公司有更强的贷款意愿，而中小型上市公司相对有较强的股权融资偏好；上市公司的所有权性质会对其资产负债率产生影响；大型上市公司的规模效率有利于其进行债务融资，同时，中小型上市公司治理状况是导致其资产负债率较低的原因之一④。

综上所述，国内外对资本结构的研究偏重于资本结构影响因素的实证研究，研究主要集中于资本结构的国别差异、产业差异和公司差异这三个方面，而公司差异（公司因素对资本结构影响）是研究的重点，很少对宏观因素的影响进行定量分析。另外，无论是国外还是国内的研究，都没有形成一致的结论。

---

① 肖作平、吴世农：《我国上市公司资本结构影响因素实证研究》，《证券市场导报》2002 年第 8 期。
② 文忠桥：《上市公司资本结构影响因素研究》，《财贸研究》2006 年第 3 期。
③ 肖泽忠、邹宏：《中国上市公司资本结构的影响因素和股权融资偏好》，《经济研究》2008 年第 6 期。
④ 张程、李文雯、张振新：《公司规模与资产负债率：来自上市公司的证据》，《财经问题研究》2010 年第 11 期。

二、股权结构与经营绩效关系的研究综述

1. 国外研究现状

对股权结构与绩效关系的研究最早是 Berle 和 Means（1932）的研究，观点是：股权的过度分散将会引起监管激励的滞后，故股权集中度与绩效之间存在正相关性[①]。Grossman 和 Hart（1980）研究发现，在分散的股权结构条件下，任何单个股东从公司治理预期中所得的收入要远远小于他们的监督成本，因此缺乏驱动公司价值增长的激励[②]。Shleifer 和 Vishny（1986）研究认为，股权集中型公司的控股股东有足够的激励去收集信息并有效地监督管理层，避免了股权高度分散情况下的"搭便车"行为[③]。Gomes（2000）指出，较高的股权集中度可以向市场传递大股东愿意建立并维护不侵犯小股东权益的良好声誉的信号。该研究也表明股权集中度与公司价值之间存在着正向关系[④]。Durnev 和 Kim（2005）对 27 个国家的公司数据建立模型进行实证研究，研究认为投资机会、外来资金和股权结构可以影响公司质量，有更高股权结构的公司在资本市场上价值更高[⑤]。Panayotis Kapopoulos 和 Sophia Lazaretou（2007）试图通过 175 家希腊上市公司的研究来证实分散的股权结构对公司绩效起反作用，研究结果发现更集中的股权结构与更高的公司绩效高度正相关，证实了先前的假设[⑥]。Tee Chwee Ming 和 Chan Sok Gee（2008）检验了马来西亚上市公司股权结构对公司绩效的影响，实证分析发现大部分公司内部人持股和内部机构持股不会影响公司绩效，只有

---

① Berle A. Jr. and Means G. C. *The Modern Corporation and Private Property. New York：Commerce Clearing House*，1932.

② Grossman S. J. and Hart O. D. *Takeover Bids，the Free-Rider Problem，and the Theory of the Corporation. Bell Journal of Economics*，1980（11）.

③ Shleifer, Andrei, Robbert Vishny. *Large Shareholders and Corporate Control. Journal of Political Economy*，1986（95）.

④ Gomes Armando R. *Going Public without Governance：Managerial Reputation Effects. Journal of Finance*，2000（55）.

⑤ Durnev A. and E. Kim. *To Steal or not to Steal：Firm Attributes，Legal Environment，and Valuation. Journal of Finance*，2005（60）.

⑥ Panayotis Kapopoulos and Sophia Lazaretou. *Corporate Ownership Structure and Firm Performance：evidence from Greek firms. An International Review*，2007（15）.

在高度市场化和资本化的大公司，两者之间的关系是显著的[1]。McConnell 和 John（1990）、Claessens（1997）以及 Thomsen 和 Pedersen（2000）等学者的研究也发现，公司股权集中度和绩效之间存在着显著的正相关[2][3][4]。

也有一些学者认为分散的股权结构可以提高公司的绩效。Habib（1997）提出了"隐含合同"效应。由于"隐含合同"效应的存在，分散的股权结构将使股东的毁约行为得到一定的抑制，雇员和公司之间的关系更加稳定，公司绩效会得到一定的提高[5]。Shleifer 和 Vishny（1997）认为，在大多数国家的大型公司内部，基本的代理问题并不是由 Bede 和 Means 所指出的外部小股东和经理之间的冲突，而是外部小股东和控制性股东之间的冲突[6]。Demsetz（1985）和 La Porta 等（1999）同样认为股权分散型公司的绩效要优于股权集中型公司[7][8]。Jianjun Miao（2005）建立了一个资本结构和产业动态的竞争均衡模型，研究发现，绩效高的公司有一个相对较低的财务杠杆[9]。A. Vera 等（2007）分析了股权结构对公司价值的影响，研究发现具有大股东的股权结构与公司价值关系不显著，有多数股东的股权结构和公司价值有一

[1] Tee Chwee Ming and Chan Sok Gee. *The Influence of Ownership Structure of the Corporate Performance of Malaysian Public Listed Companies. ASEAN Economic Bulletin*, 2008（25）.

[2] McConnell John. *Additional Evidence on Equity Ownership and Corporate Values. Journal of Financial Economics*, 1990（27）.

[3] Stijn Claessens and Simeon Djankov. *Ownership and Corporate Governance: Evidence from the Czech Republic. World Bank Policy Research Working Paper*, 1997.

[4] Thomsen S. and T. Pedersen. *Ownership Structure and Economic Performance in the Largest European Companies. Strategic Management Journal*, 2000（21）.

[5] Michel A. Habib. *Monitoring, Implicit Contracting, and the Lack of Permanence of Leveraged Buyouts. European Finance Review*, 1997（1）.

[6] Shleifer, Andrei and Robert Vishny. *A Survey of Corporate Governance. Journal of Finance*, 1997（52）.

[7] Demsetz, Harold and Kenneth Lehn. *The Structure of Corporate Ownership: Cause and Consequence. Journal of Political Economy*, 1985（93）.

[8] Rafael La Porta, Florencio Lopez-De-Silanes and Andrei Shleifer. *Corporate Ownership around the World. Journal of finance*, 1999（54）.

[9] Jianjun Miao. *Optimal Capital Structure and Industry Dynamics. Journal of Finance*, 2005（6）.

个正的影响效应①。有些学者如 Holderness 和 Sheehan（1988）以及 Mehran（1995）的研究，则发现股权集中度与绩效之间无显著相关关系②③。

控股股东类型对于公司战略与绩效也具有重要的含义。研究控股股东类型与绩效之间关系的西方主流理论将研究重点集中在内部股东与外部股东的利益冲突上。Jensen 和 Meckling（1976）提出了利益一致假说，认为如果对公司有控制权的内部股东的持股比例得到提高，公司的管理激励也将增强，公司的代理成本也随之减少，公司绩效将会得到提升④。Chow（1982）认为，随着公司管理者持股比例的增加，公司雇用外部审计的概率就会变大，公司绩效和管理者持股比例呈正相关⑤。Jensen 和 Ruback（1983）则表示了不同的看法。当管理者持股比例增加时，反兼并行为成功可能性很大，这就会对管理者的渎职行为给予更大的保护，也会刺激特权消费，导致公司绩效的恶化⑥。Morck 等（1988）研究发现，股权结构与公司经营绩效呈非线性关系，当 CEO 与董事会持股比例在 1%—5% 之间和大于 25% 时，公司价值会随着持股比例增加而增加；在 5%—25% 之间时，正好相反⑦。Denis 和 McConnell（2003）通过对非美国的其他国家公司治理进行研究，研究表明股权集中度和股权制衡与公司价值之间的关系受制于大股东的股权性质⑧。Vitaliy Zheka（2005）对乌克兰股权结构和公司效率的关系进行研

① Vera A. M., Francisco J. and Ugedo M. *Does Ownership Structure affect Value? A Panel Data Analysis for the Spanish Market. International Review of Financial Analysis*, 2007 (16).

② Holderness C. G. and D. P. Sheehan. *The Role of Majority Shareholders in Publicly Held Corporations: An exploratory analysis. Journal of Financial Economics*, 1988 (20).

③ Hamid Mehran. *Executive Compensation Structure, Ownership, and Firm Performance. Journal of Financial Economics*, 1995 (38).

④ Michael C. Jensen and William H. Meckling. *Theory of the Firm: Managerial Behavior, Agency Costs and Ownership Structure. Journal of Financial Economics*, 1976 (3).

⑤ Chee W. Chow. *The Demand for External auditing: Size, Debt and Ownership Influences. Accounting Review*, 1982 (57).

⑥ Michael C. Jensen and Richard S. Ruback. *The Market for Corporate Control: The Scientific Evidence. Journal of Financial Economics*, 1983 (11).

⑦ Morck, Shleifer and Vishny. *Management Ownership and Corporate Performance, An Empirical Analysis. Journal of Financial Economics*, 1988 (20).

⑧ Denis D. and J. McConnell. *International Corporate Governance. Journal of Financial and Quantitative Analysis*, 2003 (38).

究发现国有控股公司能够提高经营效率，尤其是管理层控股对绩效有明显的影响。外资持股公司相对无效率，然而，外资控股的公司对提高公司质量有正的显著的影响。另外，股权集中度高的公司能够提高经营绩效[1]。Z. Wei、F. Xie 和 S. Zhang（2005）对中国上市公司股权结构和公司价值之间的关系进行了研究，研究发现国有股和法人股与公司价值显著负相关，流通股与公司价值正相关[2]。

2. 国内研究现状

许小年和王燕（1999）选取 1993—1995 年我国上市公司作为样本进行了检验，研究表明：法人股比例，前 5 位的大股东和前 10 位的大股东的持股比例和公司价值呈正相关的关系；国家股比例与公司价值的关系是负向的，个人股比例对公司价值无显著影响[3]。孙永祥和黄祖辉（1999）从上市公司的股权结构对公司的经营绩效、收购兼并、代理权竞争、监督四种机制发挥作用的影响入手，认为有一定集中度的股权结构总体上最有利于四种治理机制的作用发挥，因而具有该种股权结构的公司绩效也趋于最大，但从他们的研究结果来看，并没有十分显著的实证结果表明股权集中度与公司绩效之间存在相关关系[4]。周业安（1999）研究表明，A 股、国有股、法人股与净资产收益率之间呈正相关，而 B 股、H 股则呈负相关[5]。张红军（2000）对在 1997 年 12 月 31日以前上市的 385 家发行 A 股的公司进行了实证研究，结果表明：用前5 大股东持股比例衡量的股权集中度与 Tobin's Q 存在显著正相关关系；国家股比例与 Tobin's Q 呈负相关关系，但相关关系不显著；法人股比例与 Tobin's Q 显著正相关，且与 Q 值之间存在明显的 U 型二次函数关

---

[1]　Vitaliy Zheka. Corporate Governance, Ownership Structure and Corporate Efficiency: the Case of Ukraine. Managerial and Decision Economics, 2005 (26).

[2]　Wei Z., F. Xie and S. Zhang. Ownership Structure and Firm Value in China's Privatized Firms: 1991—2001. Journal of Financial and Quantitative Analysis, 2005 (40).

[3]　许小年、王燕：《中国上市公司的所有制结构与公司治理》，载于梁能《公司治理结构：中国的实践与美国的经验》，中国人民大学出版社 1999 年版。

[4]　孙永祥、黄祖辉：《上市公司的股权结构与绩效》，《经济研究》1999 年第 12 期。

[5]　周业安：《金融抑制对中国企业融资能力影响的实证研究》，《经济研究》1999 年第2 期。

系①。刘国亮等（2000）发现公司资产市值与账面值之比与股权集中度呈显著的正向线性相关关系，但净资产收益率、总资产收益率与股权集中度之间的关系不显著。同时，国有股比例与企业绩效负相关，法人股比重对绩效的影响虽不为负，但正的方面的影响不是很大。再者，经理人员持股比例大小、职工持股比例大小与公司经营绩效正相关②。高明华（2001）以 ROE 以及 EPS 作为业绩衡量指标分析认为，股权集中度与公司业绩并无显著相关关系，国家股比重、法人股比重与公司绩效不相关，管理层持股比例与公司绩效基本上不相关③。施东晖（2000）运用截面数据分析了 484 家沪市上市公司股权结构与公司绩效之间的关系，结果表明，国有股比重和流通股比重对公司业绩没有显著的影响，法人股比重与净资产收益率之间存在三次函数关系④。陈小悦和徐晓东（2001）考察第一大股东持股比例与主营业务资产收益率、净资产收益率关系后认为，股权结构与公司绩效的关系存在显著的行业特征。在非保护性行业，第一大股东持股比例与公司绩效正相关，国有股比例、法人股比例与企业绩效之间关系不显著⑤。杜莹和刘立国（2002）发现，前 5 大股东所占比重与公司市场价值呈显著的倒 U 型曲线关系，但与会计利润率不存在曲线关系⑥。吴淑琨（2002）通过对 1997—2000 年的国内上市公司的数据的实证分析发现，股权集中度和公司绩效呈显著性的倒 U 型相关，第一大股东持股比例与公司绩效正相关，而国家股和境内法人股比例与公司绩效呈显著性 U 型相关⑦。于东智（2003）认为适度的股权集中度可能有利于公司绩效的提高。同时，国家股、流通股与

① 张红军：《中国上市公司股权结构与公司绩效的理论及实证分析》，《经济科学》2000年第 4 期。

② 刘国亮、王加胜：《上市公司股权结构、激励制度及绩效的实证研究》，《经济理论与经济管理》2000 年第 5 期。

③ 高明华：《中国企业经营者行为内部制衡与经营绩效的相关性分析——以上市公司为例》，《南开管理评论》2001 年第 5 期。

④ 施东晖：《股权结构，公司治理与绩效表现》，《世界经济》2000 年第 12 期。

⑤ 陈小悦、徐晓东：《股权结构、企业绩效与投资者利益保护》，《经济研究》2001 年第 11 期。

⑥ 杜莹、刘立国：《中国上市公司债权治理效率的实证分析》，《证券市场导报》2002 年第 12 期。

⑦ 吴淑琨：《股权结构与公司绩效的 U 型关系研究——1997—2000 年上市公司的实证研究》，《中国工业经济》2002 年第 1 期。

公司绩效不存在密切的相关性，法人股比例与净资产收益率显著正相关[①]。肖作平（2003）则得出国家股对公司价值影响不甚显著、法人股与公司价值之间成 U 型曲线、流通股比例与公司价值负相关、股权集中度与 Tobin's Q 显著正相关的结论[②]。徐莉萍、辛宇和陈工孟（2006）在对大股东的性质作出清晰界定的基础上，考察了中国上市公司的股权集中度和股权制衡情况及其对公司经营绩效的影响。研究发现：股权集中度和经营绩效之间有着显著的正向线性关系，而且这种关系在不同性质的控股股东中都是存在的。同时，过高的股权制衡程度对公司的经营绩效有负面影响[③]。张兆国、闫炳乾和何成风（2006）研究发现法人股比例和负债融资比例对公司绩效有不显著的正向影响；国家股比例对公司绩效的负向影响不显著等[④]。曹廷求、杨秀丽和孙宇光（2007）采用2004—2006 三年共 3217 个样本数据比较了中间所有权和终极所有权两种所有权计算方式下股权结构对公司绩效的不同影响，并检验了股权结构的内生性问题。实证结果表明无论是采用中间所有权还是终极所有权，其股权结构集中度都与公司绩效呈 U 型曲线[⑤]。刘运国和高亚男（2007）以 2003 年我国深沪两市的 1060 家上市公司为样本，研究了股权制衡与公司业绩之间的关系。研究发现：股权集中类公司的业绩明显好于股权分散类公司；股权制衡类公司的业绩好于股权集中类公司，但是差异并不显著[⑥]。徐向艺和张立达（2008）以中国上市公司 2005 年横截面数据为研究样本，通过分析发现：当上市公司第一大股东为国有股东时，其公司价值被低估；而当第一大股东为一般法人时，公司价值

---

① 于东智：《资本结构、债权治理与公司绩效：一项经验分析》，《中国工业经济》2003年第 1 期。

② 肖作平：《股权结构、资本结构与公司价值的实证研究》，《证券市场导报》2003 年第1 期。

③ 徐莉萍、辛宇、陈工孟：《股权集中度和股权制衡及其对公司经营绩效的影响》，《经济研究》2006 年第 1 期。

④ 张兆国、闫炳乾、何成风：《资本结构治理效应：中国上市公司的实证研究》，《南开管理评论》2006 年第 5 期。

⑤ 曹廷求、杨秀丽、孙宇光：《股权结构和公司绩效的度量方法和内生性》，《经济研究》2007 年第 10 期。

⑥ 刘运国、高亚男：《我国上市公司股权制衡与公司业绩关系研究》，《中山大学学报》（社会科学版）2007 年第 4 期。

被高估①。

从上面的文献综述可以看出，国内外有关实证研究文献，在股权集中度结构对公司绩效的影响方面都没有得到一致的结论，国内关于股权的所有者结构对公司绩效的影响也没有得到一致的结论。再者，现有研究大多数以会计利润率（如 ROE、ROA）或 Tobin's Q 作为衡量公司经营绩效的指标，用经济增加值（EVA）来衡量房地产上市公司经营绩效的较少。

三、债务结构及债务总体水平与经营绩效关系的研究综述

1. 国外研究现状

一系列的研究文献表明，期限不同的负债以不同的方式影响公司绩效。Myers（1977）将注意力集中在债券融资导致股东与债权人之间的利益冲突方面，从另一个角度说明了债务期限结构与公司价值之间的关系。他认为，为避免非效率投资行为，公司的债务期限应该与负债融资项目的实施期限一致，方可增加公司价值②。Barnea 和 Haugen（1980）认为短期负债以其强有力的监督控制机制，减少股东从事风险项目投资、增加公司经营风险的行为，进而降低资产替代效应和代理成本以提高公司价值③。Masulis（1983）实证研究表明普通股票价格的变动与公司财务杠杆的变动呈正相关关系，公司绩效与其负债水平呈正相关关系，能够对公司绩效产生影响的负债水平的变动范围介于 0.23 与 0.45 之间④。Flannery（1986）研究债务期限结构对公司价值的影响，发现当管理者与外部投资者之间信息不对称时，债务期限结构可以向外部投资者传递有关公司质量的信息⑤。Jensen（1986）认为短期负债更有利

① 徐向艺、张立达：《上市公司股权结构与公司价值关系研究——一个分组检验的结果》，《中国工业经济》2008 年第 4 期。

② Myers Stewart C. *Determinants of Corporate Browning. Journal of Financial Economics*，1977（5）.

③ Barnea Haugen. *A Rationale for Debt Maturity Structure and Call Provision in the Agency Theoretic Framework. Journal of Finance*，1980（35）.

④ Masulis. *The Impact of Capital Structure Change on Firm Value：Some Estimates. Journal of Finance*，1983（38）.

⑤ Flannery M. J. *A symmetric Information and Risky Debt Maturity Choice. Journal of Finance*，1986（41）.

于减少企业的自由现金流，增加公司破产概率，能够更有效地监督控制
管理者①。Mikkelson（1986）和 James（1987）的研究表明，公司宣告
获得银行贷款向市场发送了公司信誉和公司价值的有利信号②③。Lum-
mer（1989）扩展了 James 的研究，结果表明只有再次从银行贷款的公
司在宣告借款时股票才会显示出正的超常收益④。Kale 和 Noe（1990）
研究则得出债务期限结构与公司价值之间存在负相关关系的结论⑤。
Hart 和 Moore（1994）则从公司投资的角度出发，说明长期负债对公司
价值的影响是不确定的，即一方面长期负债过多可能会导致投资不足问
题，对公司价值产生不利影响；另一方面，长期负债可以限制经营者的
过度投资行为，有利于提高公司价值⑥。McConnel 和 Servaes（1995）对
公司价值、负债与股权结构之间的作用关系进行了实证检验，研究发现
对高成长性企业来说，负债融资和公司价值存在负相关；相反，对于低
成长性企业，负债融资和公司价值则为正相关⑦。Anderson（1999）以
日本公司为样本，研究发现公司成长机会与获取的银行贷款之间存在正
相关关系 ⑧。Hall、Hutchinson 和 Michaelas（2000）选取英国中小企业
作为研究样本对短期资产负债率和长期资产负债率在不同产业之间的差
异进行分析后得出结论：短期负债率还与企业规模和成长性负相关；短
期资产负债率与盈利能力呈负相关；长期资产负债率与盈利能力不显著

　　① Jenson Michael C. *Agency Costs of Free Cash Flow, Corporate Finance and Takeovers. American Economic Review*, 1986（76）.

　　② Mikkelson W. H. and M. Patch. *Valuation Effects of Security Offerings and the Insurance Process. Journal of Financial Economics*, 1986（15）.

　　③ James. C. M. *Some Evidence on the Uniqueness of Bank Loans. Journal of Financial Economics*, 1987（19）.

　　④ Lummer S. and J. McConnell. *Further Evidence on the Bank Lending Process and the Capital Market Response Bank Loan Agreements. Journal of Financial Economics*, 1989（25）.

　　⑤ Kale J. R. and T. H. Noe. *Risky Debt Maturity Choice in a Sequential Game Equilibrium. Journal of Financial Research*, 1990（13）.

　　⑥ Hart, Oliver and John Moore. *A Theory of Debt Based on the Inalienability of Human Capital. Quarterly Journal of Economics*, 1994（109）.

　　⑦ McConnel, John and Servaes. *Equity Ownership and the Two faces of Debt. Journal of Financial Economics*, 1995（39）.

　　⑧ Anderson C. and A. Makhija. *Deregulation, Disintermediation, and Agency Cost of Debt: Evidence from Japan. Journal of Financial Economics*, 1999（51）.

相关①。

2. 国内研究现状

国内研究债务结构对公司绩效的影响的理论文献并不多见，主要是因为债务结构对公司绩效的影响传导机制不顺畅。早期的研究主要集中于国有企业融资体制及与国有银行的关系，其中比较有代表性的是张春霖（1995）、忻文（1997）、张昌彩（1998）等人的研究成果②③④。林钟高和章铁生（2002）的研究认为影响上市公司负债比率和流动负债率的因素之间表现出比较大的一致性，而影响上市公司经营绩效的因素与影响上市公司的负债比率和流动负债比率的因素之间则有较大的不同⑤。张慧和张茂德（2003）以2001年的300家上市公司作为研究对象，对债务融资结构、公司经营绩效与公司治理的相互作用关系进行实证研究。研究发现流动负债对主营业务收入的影响是正面的，而长期负债对主营业务收入不产生影响⑥。刘静芳和毛定祥（2005）通过构建能全面反映我国上市公司资本结构特征的指标体系，然后用因子分析方法将这些指标综合成彼此互不相关的少数几个主因子。在此基础之上，用主因子对代表公司绩效的托宾Q值作多元回归分析。得出结论：公司绩效与总负债和非长期负债负相关；公司绩效与资本长期负债比正相关⑦。袁卫秋（2006）认为，债务期限和债务总额比例都会影响上市公司的经营绩效，但是债务总额比例影响更大些，并且债务总额比例是负向影响，债务期限为正向影响⑧。杨兴全和梅波（2008）以中国上市公司为样本，结合公司的成长机会研究了债务融资比例、债务期限结构与公司价值的关系。研究发现，债务融资比例与低成长公司的价值正相

①　Hall G. , Hutchinson P. and Michaelas N. *Industry Effects on the Determinants of Unquoted SMEs' Capital Structure. International Journal of the Economics of Business*，2000（7）.

②　张春霖：《从融资角度分析国有企业的治理结构改革》，《改革》1995年第3期。

③　忻文：《国有企业的资本结构分析》，《经济研究》1997年第8期。

④　张昌彩：《企业融资结构与资本市场发展》，《管理世界》1998年第3期。

⑤　林钟高、章铁生：《实证分析：上市公司资本结构的影响因素》，《安徽工业大学学报：自然科学版》2002年第2期。

⑥　张慧、张茂德．《债务结构、企业绩效与上市公司治理问题的实证研究》，《改革》2003年第5期。

⑦　刘静芳、毛定祥：《我国上市公司资本结构影响绩效的实证分析》，《上海大学学报：自然科学版》2005年第1期。

⑧　袁卫秋：《债务期限结构对企业价值影响微探》，《财会通讯》2006年第10期。

关，与高成长公司的价值负相关，债务融资比例与公司价值之间的关系
受公司控股股东性质的影响，债务期限结构在公司价值中的作用没有得
到检验结果的支持①。

　　在研究我国上市公司债务总体水平对公司绩效的影响效应中，大部
分观点支持上市公司的资产负债率与公司绩效存在负相关关系。但也有
学者持不同意见，即随着公司财务杠杆的提高，公司的资本成本将会降
低，公司绩效也随之会提高。杜莹和刘立国（2002）以主营业务利润
率、总资产利润率和净资产收益率作为因变量，资产负债率作为自变量
进行回归分析，发现负债和绩效之间呈显著负相关②。李义超（2003）
以 1992—1999 年为研究区间，选取 1992 年年底以前上市的 51 家非金
融公司为研究样本，采用混合截面数据对公司绩效与资本结构的关系进
行了实证研究，得到以下结论：以净资产收益率为公司绩效的衡量指
标，则存在一个最优负债区间；以 Tobin's Q 值作为公司绩效的衡量指
标，则公司绩效随着公司负债水平的提高而下降③。于东智（2003）以
1997—2000 年的面板数据对公司绩效与负债水平进行分析，得出资产
负债率与公司业绩显著负相关的结论④。龙莹和张世银（2006）选取总
资产收益率、ROE 为被解释变量对电力上市公司资本结构与绩效间的
相互作用关系进行实证分析，发现两者在图形上呈倒 U 型曲线关系⑤。
肖作平（2005）通过建立资本结构与公司绩效的联立方程，应用三阶
段最小二乘法对资本结构与公司绩效的互动关系进行研究，得出财务杠
杆与绩效负相关的结论⑥。王玉荣和钱毅（2006）以我国上市公司为研
究对象，对我国上市公司的债权融资与公司治理的相关性进行了详细的

---

　　① 杨兴全、梅波：《公司治理机制对债务期限结构的影响——来自我国上市公司的经验
证据》，《财贸研究》2008 年第 1 期。

　　② 杜莹、刘立国：《中国上市公司债权治理效率的实证分析》，《证券市场导报》2002 年
第 12 期。

　　③ 李义超：《我国上市公司融资结构实证分析》，《数量经济技术经济研究》2003 年第
6 期。

　　④ 于东智：《资本结构、债权治理与公司绩效：一项经验分析》，《中国工业经济》2003
年第 1 期。

　　⑤ 龙莹、张世银：《我国电力行业上市公司资本结构与绩效的实证研究》，《统计教育》
2006 年第 12 期。

　　⑥ 肖作平：《资本结构影响因素实证研究综述》，《证券市场导报》2005 年第 11 期。

实证分析，得出我国上市公司总负债率和其绩效之间呈显著负相关关系的结论①。张自巧（2007）选取能源行业 54 家上市公司为研究样本，利用其 2001—2005 年的数据运用两分法分析了行业内部资产负债率的特征，以 Tobin's Q 值代替公司绩效，研究了公司绩效与总资产负债率之间的关系，研究结果表明资产负债率与公司绩效成反比②。王春峰等（2008）利用随机前沿方法估计公司绩效并建立联立方程模型对我国市场进行实证检验，结果发现代理成本假说和效率风险假说能有效解释我国上市公司资本结构与绩效之间的互动关系，而特许经营价值假说则不能，即公司绩效随负债的增加而增加，但增加的速度是递减的；负债亦随公司绩效的增加而增加，且增加的速度是递增的③。徐玉玲（2010）利用 2009 年上市公司的数据对资本结构和经营绩效的相关性进行了实证研究，发现净资产收益率与资产负债率不存在相关关系④。

综上所述，尽管近年来越来越多的学者开始关注债务结构与公司价值、公司绩效的关系问题，但从目前研究现状来看，对于债务结构和公司绩效关系的研究主要是以债务融资治理效应为主体框架进行分析，缺乏对具体行业债务结构与公司绩效的关系进行全面、深入的研究。因此，本书在后面的研究中，将对我国房地产行业上市公司的债务结构与企业绩效的关系进行探讨。

四、房地产上市公司资本结构与公司绩效关系的研究综述

1. 国外研究现状

国外学者对房地产上市公司资本结构与公司价值之间关系的研究主要围绕着验证资本结构理论的角度展开，研究不仅仅局限于房地产开发公司，还包括承建商、投资信托公司，等等。George 和 Ko（1990）收

---

① 王玉荣、钱毅：《中国上市公司债权融资与公司治理相关性分析》，《特区经济》2006年第 11 期。

② 张自巧：《资本结构与绩效关系的实证研究——关于能源行业上市公司的分析》，《会计之友》2007 年第 7 期。

③ 王春峰、周敏、房振明：《资本结构和公司绩效互动影响实证研究——基于随机前沿方法的分析》，《山西财经大学学报》2008 年第 4 期。

④ 徐玉玲：《资本结构与绩效的相关性研究——基于上市公司年报的实证分析》，《东北财经大学学报》2010 年第 6 期。

集了 1978—1985 年间加拿大 1243 宗地产交易数据，通过建立一个资本结构模型对资本结构和公司价值的关系进行研究。研究发现：资本结构与资产价值正相关；折旧税盾、财务危机成本、利率与负债水平呈负相关；税率与负债水平的关系则不显著①。Joseph（1999）以 83 家英国房地产公司为研究样本，通过建立面板数据模型分析了这些公司资本结构与经营绩效的关系，研究发现：房地产公司资本结构的选择受多种宏观经济因素和公司微观因素共同影响；公司绩效和税盾效应对资本结构的选择未产生显著影响；市场敏感度和借贷成本是影响资本结构最重要的因素②。Chiang 和 Chan（2002）选取了香港地区 18 家房地产开发企业和 17 家房地产承建企业作为研究样本来考察企业公司价值、资本成本与资本结构之间的相关关系，得到以下结论：房地产承建公司的资产负债率要明显高于房地产开发公司；资本结构与总资产正相关，但与边际收益负相关③。Wu 和 Hsieh（2006）以 1992—2003 年 25 家房地产上市公司的财务数据作为样本观测值研究了台湾地区房地产上市公司资本结构与公司绩效之间的相关关系。文章在衡量公司绩效时选取了 16 个财务指标，通过分别对公司绩效与三个负债比率进行回归分析发现：积极的股利政策在股东看来是危机信号；与盈利水平相关的指标并不能很好地反映公司业绩④。Shaun 和 Peter（2006）选取截至 2004 年之前 7 年的数据作为基础数据，以英国 18 家房地产上市公司作为样本，研究发现英国房地产上市公司资本结构选择更符合优序融资理论⑤。Giacomo 和 Christian（2008）以美国房地产投资信托基金为研究对象，研究其资本结构和公司价值之间的相关关系，同时确定其他行业的公司是否与其在资本结构和公司价值关系上存在共同性。研究得出以下结论：REITs 的

---

① George W. Gaul and Ko Wang. *Capital Structure Decisions in Real Estate Investment*. *Real Estate Economics*, 1990（18）.

② Joseph T. L. *The Determinants of Capital Structure Evidence on UK Property Companies*. *Journal of Property Investment & Finance*, 1999（18）.

③ Chiang Yat Hung and Chan Ping Chuen Albert. *Capital Structure and Profitability of the Property and Construction Sectors In Hong Kong*. *Journal of Property Investment & Finance*, 1999（20）.

④ Chao-Hui Wu and Ting-Ya Hsieh. *Debt Ratio Analysis of Taiwan's Property Development Firms under Contraction*. *Journal of Marine Science and Technology*, 2006（14）.

⑤ Shaun A. Bond and Peter J. Scott. *The Capital Structure Decision for Listed Real Estate Companies*. *Working Paper Series*, 2006.

资本结构选择符合优序融资理论；盈利能力、经营风险与杠杆水平负相关；有形资产、成长性与杠杆水平正相关；资产规模和地理位置与财务杠杆无显著相关关系①。Bwembya（2008）也以澳大利亚 34 家房地产投资信托基金 2003—2008 年的财务数据为样本观测值展开了研究，结果表明：盈利能力、成长性和经营风险与杠杆水平负相关；规模与杠杆水平正相关；有形资产与杠杆水平关系不显著②。

2. 国内研究现状

我国学者对房地产资本结构与绩效的研究结论也不统一。柳松和颜日初（2005）研究发现：公司规模与负债水平显著正相关；盈利能力、控股股东结构因素、股权流通性与负债水平负相关；成长性与负债水平正相关但表现微弱③。兰功成和戴耀华（2006）选取深股市的 35 家房地产上市公司作为研究样本，通过主成分分析研究发现：盈利能力、公司规模、公司成长性、流动性及风险性与公司资本结构不存在相关关系；税盾效应与资本结构在一定程度上正相关；运营能力与资本结构负相关④。陈胜权（2007）通过对 27 家房地产上市公司的相关财务指标进行计算和对比，从资产负债率、融资顺序、负债融资及优先股筹资等进行定性的分析，得到以下结论：房地产企业短期负债比率较高，长期负债比率较低；企业往来账款所占比例比较高。因此，房地产企业应该从改变盈利模式和负债性质的角度对资本结构进行优化，进而提高公司绩效⑤。兰峰和雷鹏（2008）选取 2006 年在沪深上市的 56 家房地产上市公司为研究对象，对影响资本结构与公司价值之间的关系进行了回归分析。研究发现：资产负债率与盈利水平显著负相关；公司成长性与资

① Giacomo Morri and Christian Beretta. *The Capital Structure Determinants of REITs. Journal of European Real Estate Research*, 2008（1）.

② Bwembya Chikolwa. *Determinants of Listed Property Trust Bond Ratings：Australian Evidence. Proceedings from the PRRES Conference*, *Pacific Rim Real Estate Society*, *Istana Hotel*, *Kuala Lumpur*, 2008（1）.

③ 柳松、颜日初：《影响资本结构的公司特征因素——来自中国房地产业上市公司的经验证据》，《统计与决策》2005 年第 9 期。

④ 兰功成、戴耀华：《基于主成分分析法下的资本结构影响因素研究——以我国房地产上市公司为例》，《金融与经济》2006 年第 9 期。

⑤ 陈胜权：《上市公司资本结构实证分析——房地产行业实例》，《财会通讯：学术版》2007 年第 11 期。

产负债率正相关；非负债税盾与资产负债率负相关。文章还将实证分析结果与房地产业融资模式相结合，指出我国房地产上市公司负债比例处于50%—60%时，资本结构将呈现最佳状态，公司价值达到最大[①]。贺红茹（2007）选取23家A股房地产上市公司2002—2004年度的样本观测值实证分析融资结构变动对房地产上市公司公司价值的影响，研究发现：ROE与公司价值存在正相关关系；总资产规模与资本结构的相关性不明显；资产担保比例与资本结构负相关[②]。刘建国和杨卫东（2009）以2004年前上市的A股房地产上市公司为研究样本，实证分析中以总资产收益率（ROA）作为被解释变量，研究发现：ROA与长期银行信用融资率和财政融资率呈显著正相关；ROA与股权融资率和内部融资率的关系则表现为负相关[③]。

总的来说，国内外学者都对房地产上市公司资本结构和公司绩效之间的关系作了许多的分析和研究，差异之处在于国外资本结构理论的研究起步较早，故学者在选择特定行业做研究时，研究的深度上要好于国内的学者。国内学者对资本结构与公司绩效之间关系的研究都集中在实证分析上，但在立足某一行业研究时，还存在一些不足：在研究资本结构与公司绩效之间的作用关系时，资本结构指标主要选取股权结构指标，债务结构指标选择很少，而且指标的选取往往比较随机，存在较大的主观性和不确定性；变量指标选择过于单一且未考虑行业本身的特征。

本章小结

本章首先对资本结构理论、资本结构对公司绩效影响的理论进行了详细阐述，然后对资本结构相关研究文献进行了回顾和评述，通过本章研究笔者发现：

---

① 兰峰、雷鹏：《房地产行业最优资本结构影响因素实证研究》，《财会月刊：理论版》2008年第5期。
② 贺红茹：《我国房地产上市公司资本结构的实证研究》，《中国管理信息化：综合版》2007年第12期。
③ 刘建国、杨卫东：《房地产行业上市公司融资结构与公司绩效实证浅析》，《华东理工大学学报》（社会科学版）2009年第1期。

（1）经过半个多世纪的发展，资本结构理论仍然离不开其研究核心：公司资本结构会不会影响公司绩效；影响资本结构的因素有哪些？

（2）在对资本结构的影响因素分析方面，大部分实证研究只考虑公司特质因素，很少考虑宏观因素对资本结构的影响，而且研究方法一般采用回归分析法。

（3）股权集中度与公司绩效两者之间的关系尚无定论，即可能存在正相关关系，也可能存在负相关关系，还有可能存在曲线关系。再者，如果对股权的所有者结构与公司绩效进行分析就会发现，持股主体不同，对公司绩效的影响效果也不同，而且研究结果也不尽一致。

（4）债务的所有者结构与公司绩效已有研究表明，与公司债券相比，银行负债的监督约束能力将更强，银行负债将会使公司的交易费用进一步降低，因此公司的绩效也会得到提高。另外，债务的期限结构与公司绩效已有研究也表明，如果负债的期限不同，其对公司的绩效影响也存在差异，但研究结果并不统一。

第三章

我国房地产上市公司的资本
结构与绩效现状分析

企业的任何经济活动都是在一定社会客观条件下进行的，分析企业的经济活动不能缺少对其所处背景的分析。因此，考察和研究房地产上市公司资本结构对经营绩效的影响，就必须结合我国房地产市场的发展现状对房地产上市公司的股权结构、债务结构的现状以及绩效进行分析。

第一节 我国房地产市场的发展现状

从1998年我国取消住房分配政策进行住房制度改革以来，我国房地产业取得了较大发展，房地产行业已经成为我国国民经济中的重要支柱产业。近几年，房地产业增加值占国内生产总值的比重始终较高，并呈现逐渐上升的趋势，房地产行业对我国经济增长的总体贡献率日益增加。此外，与房地产密切相关的产业主要集中在第三产业，房地产业的发展对带动第三产业较快发展，促进产业结构优化和调整也发挥着积极作用。但是，随着房地产业的迅速发展，房地产市场也出现了过热现象，表现为价格的不合理持续上涨，房地产商品的有效供给不足与无效供给过剩并存，市场运作不规范，房地产的投机性需求日益增长、房地产银行信贷大幅增加等，房地产市场呈现一定的泡沫化特征。

一、房地产开发投资情况

1998—2009年全国房地产投资和固定资产投资情况见表3-1。从投资规模看，全国房地产投资和固定资产投资都保持着相当高的同步性，在固定资产投资增长的带动下，房地产投资额逐年增加，而且始终保持较高增长速度。与此同时，其占固定资产投资的比重也基本一直在15%—20%之间，高于国际公认的房地产开发投资占全社会固定资产投资比重的警戒水平10%①。另外，房地产投资增长率波动呈现出阶段性特点，而且某些年度房地产投资波动性明显高于固定资产投资，如2004年房地产投资增长率为29.59%，2005年则为20.51%，而同时期固定资产投资增长率变化不大，由此表明2005年房地产市场发展可能出现异常。再者，2007年后房地产增长率和固定资产投资增长率的走势正好相反，说明由于这段期间国家加强了对房地产市场的宏观调控，宏观调控政策的作用开始显现。一般认为，当出现房地产泡沫时，房地产投资的增长率将会大幅增加，并且会高于固定资产的投资增长率。由此可见，2004年以前全国房地产市场基本存在泡沫，2007年也出现泡沫化，但随着国家调控力度的加大，房地产市场开始趋于理性发展，泡沫化明显减轻（2009年比值仅为0.54）。

表3-1   1998—2009年全国房地产投资和固定资产投资情况

单位：亿元、%、倍

年度	房地产投资		全社会固定资产投资		房地产投资/全社会固定资产投资	房地产投资增长率/固定资产投资增长率
	金额	增长率	金额	增长率		
1998	3614.2	13.71	28406.2	13.89	0.13	0.99
1999	4103.2	13.53	29854.7	5.10	0.14	2.65
2000	4984.1	21.47	32917.7	10.26	0.15	2.09
2001	6344.1	27.29	37213.5	13.05	0.17	2.09
2002	7790.9	22.81	43499.9	16.89	0.18	1.35
2003	10153.8	30.33	55566.6	27.74	0.18	1.09
2004	13158.3	29.59	70477.4	26.83	0.19	1.10
2005	15909.2	20.91	88773.6	25.96	0.18	0.81
2006	19422.9	22.09	109998.2	23.91	0.18	0.92
2007	25288.8	30.20	137323.9	24.84	0.18	1.22
2008	31203.2	23.39	172828.4	25.85	0.18	0.90
2009	36241.8	16.15	224598.8	29.95	0.16	0.54

资料来源：历年《中国房地产统计年鉴》及《中国统计年鉴》。

---

① 陈永霞、高山（2008）在《我国房地产泡沫的实证分析》一文中指出一般国际公认的房地产开发投资占全社会固定资产投资比重的警戒水平为10%。

二、房地产销售价格及房价收入比情况

居民家庭对住房的支付能力可用房价收入比来反映。该比值越高，表明居民的支付能力就越低，房地产市场蕴含泡沫的可能性越大。国际上公认的房价收入比合理范围为3—6，国内部分学者认为，我国由于特殊的住房体制、隐性收入高及需求长期压抑等原因，房价收入比合理范围可能要大一点，目前在5—8倍间属于正常①。

表3-2是1998—2009年全国商品房销售价格及房价收入比情况，其中房价收入比为套房销售价格与户均可支配收入的比值，套房销售价格按每套房面积90平方米计算，每户按3个人口计算户均可支配收入。表3-2表明，自1999年以来，全国商品房销售均价呈上涨趋势，2003年后涨幅巨大。从房价收入比看，除2008年外，房价收入比都在8—10之间，说明我国房地产市场可能一直存在泡沫，但从全国范围来看，泡沫化并不严重。

房价增长率/GDP增长率能反映房地产泡沫的扩张程度，是测量虚拟经济相对于实体经济增长速度的动态指标。该比率可以用来监测房地产泡沫化趋势，指标值越大，房地产泡沫的程度就越大。表3-2表明，2004年之前，房价增长率/GDP增长率变化不大，而且房价的增长率都小于GDP的增长率。但2004年后，该比值明显增加且波动剧烈。2009年房价增长率/GDP增长率达到2.75，说明房地产市场可能存在较大泡沫。

表3-2　　　　　　　1998—2009年全国商品房售价及房价收入比

单位：元/m²、亿元、元、%、倍

年度	销售价格	销售价格增长率	GDP	GDP增长率	销售价格增长率/GDP增长率	人均可支配收入	房价收入比（100m²）
1998	2063	—	84402.3	6.87	—	5425.1	11.41
1999	2053	-0.48	89677.1	6.25	—	5854.0	10.52
2000	2112	2.87	99214.6	10.64	0.27	6280.0	10.09
2001	2170	2.75	109655.2	10.52	0.26	6859.6	9.49

---

① 见陈永霞、高山（2008）《我国房地产泡沫的实证分析》一文。

续表

年度	销售价格	销售价格增长率	GDP	GDP增长率	销售价格增长率/GDP增长率	人均可支配收入	房价收入比（100m²）
2002	2250	3.69	120332.7	9.74	0.38	7702.8	8.76
2003	2359	4.84	135822.8	12.87	0.38	8472.2	8.35
2004	2778	17.76	159878.3	17.71	1.00	9421.6	8.85
2005	3168	14.03	184937.4	15.67	0.89	10493.0	9.06
2006	3367	6.29	216314.4	16.97	0.37	11759.5	8.59
2007	3864	14.77	265810.3	22.88	0.65	13785.8	8.41
2008	3800	-1.65	314045.4	18.15	—	15780.8	7.22
2009	4681	23.18	340506.9	8.43	2.75	17174.7	8.18

资料来源：同表 3 - 1。

三、商品房空置率情况分析

理论上讲，空置率是衡量房地产产品相对过剩的一个重要指标，产品相对过剩是泡沫经济的集中体现。空置率偏高，说明房屋生产相对过剩，产品积压严重；空置率偏低，说明产品供不应求。虽然我国还缺乏应用国际标准计算空置率的基础，但是作为一个参考的依据，在一定程度上也揭示出了房地产市场是否存在着严重的空置现象。我国有关部门计算并确定了我国商品房空置率区间：0—5% 为空置率不足区间，5%—10% 为空置率合理区间，10%—20% 为空置率过量区间，20% 以上为空置率严重区间[1]。

表 3 - 3 是 1998—2009 年全国商品房竣工、销售及空置情况，其中商品房空置率等于当年的商品房空置面积（竣工面积减去销售面积）与前 3 年商品房竣工面积和的比值[2]，根据上述判断标准，全国商品房空置率基本合理。表 3 - 3 显示商品房空置率总体上呈现下降趋势，这主要是由于人民生活水平的提高、国家逐渐加强对房地产市场的宏观调控以及居民对住房的绝对需求在增加造成的。另外，从表 3 - 3 可知，商品房销售面积增长率波动剧烈，这说明我国房地产市场发展并不平稳，其中不乏有投机炒作的痕迹，虚高的成分更多。再者，大部分年份

---

① 见马辉、陈守东（2008）《当前我国房地产泡沫的实证分析》一文。
② 按照马辉和陈守东（2008）的定义方法计算。

商品房销售面积增长率基本都高于竣工面积增长率，说明我国房地产市场仍然存在巨大的刚性需求。

表 3 - 3　　　　　1998—2009 年全国商品房竣工、销售及空置情况　　单位：万 m²、%

年度	商品房竣工面积	商品房竣工面积增长率	商品房销售面积	商品房销售面积增长率	商品房空置面积	空置率
1998	17566. 6	—	12185. 30	—	5381. 30	—
1999	21410. 8	21. 88	14556. 53	19. 46	6854. 30	—
2000	25104. 9	17. 25	18637. 13	28. 03	6467. 73	10. 09
2001	29867. 4	18. 97	22411. 90	20. 25	7455. 46	9. 76
2002	34975. 8	17. 10	26808. 29	19. 62	8167. 47	9. 08
2003	41464. 1	18. 55	33717. 63	25. 77	7746. 44	7. 29
2004	42464. 9	2. 41	38231. 64	13. 39	4233. 26	3. 56
2005	53417. 0	25. 79	55486. 22	45. 13	—	—
2006	55830. 9	4. 52	61857. 07	11. 48	—	—
2007	60606. 7	8. 55	77354. 72	25. 05	—	—
2008	66544. 8	9. 80	65969. 83	- 14. 72	574. 97	0. 31
2009	72677. 4	9. 22	94755. 00	43. 63	—	—

资料来源：同表 3 - 1。

第二节　我国房地产上市公司资本结构分析

随着住房改革不断深化和居民收入水平的提高，住房成为新的消费热点。而在 2000 年以前，为了抑制房地产泡沫、规范房地产市场，国家明令禁止房地产企业上市。1996 年年底，中国证监会《关于股票发行工作若干规定的通知》要求对金融、房地产业不予考虑。1999 年下半年，国务院原则同意由建设部选择数家骨干企业推荐给中国证监会，进行上市试点。2000 年，以天鸿宝业为首的公司被允许上市，标志着房地产公司上市融资之路的开始，从此大量的房地产公司开始上市融资，上市房地产公司也逐渐步入理性发展阶段。

在第一章分析中已经指出资本结构包括股权结构、债务结构和负债融资水平，房地产上市公司资本结构是否合理也涉及股权结构和债务结构两个方面①。房地产上市公司由于资金需求量大，因此导致其资本结构与其他行业有一定差异，本章将利用我国 A 股房地产上市公司②2007—2009 年的数据对其资本结构进行分析，数据来源为锐思（RES-SET）金融研究数据库，其中 2007 年房地产上市公司为 103 家，2008年为 105 家，2009 年为 113 家。

一、我国房地产上市公司的股权结构

1. 股权集中度现状

股权集中度主要反映大股东控股的强弱程度，在本章中引入参数 CR_1、CR_5、H_5、Z 来衡量 2007—2009 年我国房地产上市公司股权集中度，其中 CR_1 表示房地产上市公司第 1 位股东的持股比例，CR_5 表示前 5 位股东的持股比例之和，H_1、H_5 分别表示前 1 位、前 5 位股东持股比例的平方和均值，Z 表示股权制衡度，即第一大股东和第二股东持股比例的比值。统计结果如表 3 - 4、表 3 - 5。

表 3 - 4 表明：房地产上市公司的股权集中度相对较高，2007—2009 年第一大股东平均持股比例基本在 37% 左右，且呈上升态势；前五大股东的平均持股比例已超过掌握上市公司控股权所需的 51% 的持股比例；H_1、H_5 的平均值相差不大，表明前一大股东和前五大股东持股比例较为集中。表 3 - 5 表明：样本公司中，2007—2009 年第一大股东持股比例超过 50% 的在 30 家左右，占样本总数的比例均超过 25%；第一大股东持股比例在 25%—50% 之间在 40 家左右，占样本总数的比例接近 40%，这说明我国房地产上市公司仍有超过 1/4 的公司处于第一大股东绝对控股状态，65% 的公司处于股权比较集中状态。另外，从 Z 值来看，2007—2009 年均值均大于 15，表明第一大股东在股权结构上具有一定的控制优势。

---

① 为便于分析，本章将负债融资水平并入债务结构一起分析。
② 房地产上市公司指在上海、深圳上市的公司，后文如果不作特别说明，都是这个含义。

表 3 - 4　　　2007—2009 年我国房地产上市公司股权集中度统计结果

	年度	2007	2008	2009
CR$_1$	最小值	0.0894	0.0894	0.0785
	最大值	0.8245	0.8216	0.8038
	均值	0.3649	0.3749	0.3809
CR$_5$	最小值	0.1196	0.1195	0.1037
	最大值	0.9825	0.8484	0.8556
	均值	0.5104	0.5158	0.5132
H$_1$	最小值	0.0080	0.0080	0.0062
	最大值	0.6797	0.6750	0.6460
	均值	0.1664	0.1760	0.1773
H$_5$	最小值	0.0083	0.0083	0.0081
	最大值	0.6800	0.6751	0.6463
	均值	0.1795	0.1892	0.1893
Z	最小值	1.0200	0.8700	1.0500
	最大值	252.0500	802.9700	247.0600
	均值	15.8189	21.5850	16.2252

表 3 - 5　　　2007—2009 年我国房地产上市公司 CR$_1$ 频数分析结果

	2007		2008		2009	
	区间内的家数	占样本数的比例（%）	区间内的家数	占样本数的比例（%）	区间内的家数	占样本数的比例（%）
小于25%	37	35.92	38	36.19	35	30.97
25%—50%	40	38.83	37	35.24	43	38.05
大于50%	26	25.25	30	28.57	35	30.98

　　上述研究表明，我国房地产上市公司少数大股东对公司的控制和决策权较大，前 5 位股东所占股权处于绝对支配地位。在这样的资本结构条件下由于最大股东通常处于绝对控股地位，对公司的影响力巨大，而且由于其利益与公司价值休戚相关，因此他更有积极性为公司作贡献。但是，如果是最大股东绝对控股，这时候其他股东参与公司监管所获得的收益将远小于其付出的成本，因此其他股东参与公司治理动机不强，或者即使参与但影响力微弱，使得公司治理中对最大股东缺乏一定的制

衡，这将会影响公司的治理和绩效。

2. 股权构成的现状

随着股权分置改革的进行，大部分房地产上市公司股票已经实现全流通，而且有限售条件的流通股越来越少，因此大部分房地产上市公司流通股比例都接近100%，考察此指标已无多大实际意义。本书对股权构成的分析主要从国有股占总股本的比例和法人股占总股本的比例这两个指标来考察，2007—2009年我国房地产上市公司股权构成统计结果见表3-6。

表3-6　　　　2007—2009年我国房地产上市公司股权构成统计结果

	年度	2007	2008	2009
国有股比例 （%）	最小值	0.0000	0.0000	0.0000
	最大值	88.2500	79.6714	74.9761
	均值	19.8501	17.3489	9.5603
法人股比例 （%）	最小值	0.0000	0.0000	0.0000
	最大值	90.3473	80.3624	81.3139
	均值	24.3180	20.5313	15.8117

表3-6表明，国有股比例均值从2007年的19.85%下降到了2009年的9.56%，法人股比例均值从2007年的24.32%下降到了2009年的15.81%，国有股和法人股比例都呈逐渐下降的趋势，但下降的速度并不是太快。总体来说，我国房地产上市公司国有股比例和法人股比例相对于我国上市公司的整体情况来看都相对较低，社会公众股在公司股权结构中所占份额较大。原因在于一是由于房地产行业对资金需求巨大，而证券市场是公司资金的主要来源渠道之一，故房地产上市公司纷纷通过增资扩股和扩大发行规模来筹集资金，使得房地产上市公司的流通股在总股本中的比例呈现上升趋势；二是随着国家股权分置改革的推进，国有股和法人股的比例将明显下降。

二、我国房地产上市公司的债务结构

1. 负债融资水平

房地产上市公司资金投入具有金额较大、时间周期较长等特点，因此负债融资对公司企业正常经营意义重大。合理的负债比率可降低公司资本成本，增加公司市场价值及绩效。在本书分析中，衡量公司负债融资水平的财务指标选择资产负债率。如果公司资产负债率变大，表示公司融资结构中的负债融资比例增大，公司的经营风险也随之会变大。如果一个企业经营绩效较好，此时通过财务杠杆的税盾作用，就可以使公司的资本成本减少，由此导致公司的营业利润随之增加。但是负债比例的增加也有限度，如果公司的经营状况不好，这时如增加负债比例，就会使负债的税盾作用下降，反而会降低公司绩效。我国 A 股市场房地产上市公司 2007—2009 年资产负债率统计结果见表 3-7、表 3-8 所示。

表 3-7　　2007—2009 年我国房地产上市公司资产负债率统计结果①

	年度	2007	2008	2009
资产负债率（%）	最小值	4.65	19.24	16.14
	最大值	92.83	92.51	94.31
	均值	57.81	56.53	59.59

表 3-8　　2007—2009 年我国房地产上市公司资产负债率频数分析结果

	2007		2008		2009	
	区间内的家数	占样本数的比例（%）	区间内的家数	占样本数的比例（%）	区间内的家数	占样本数的比例（%）
小于40%	17	16.67	16	15.24	14	12.39
40%—50%	16	15.69	23	21.90	16	14.16
50%—60%	16	15.69	13	12.38	19	16.81
60%—70%	27	26.47	27	25.71	33	29.20
大于70%	26	25.49	26	24.76	31	27.43

表 3-7 表明，2007—2009 年我国上市公司平均资产负债率基本接近 60%，即房地产上市公司平均有近 60% 的资产是通过负债方式获得。

---

① 2007 年惠邦地产（000506）严重资不抵债，故在此处 2007 年分析中剔除了此公司，样本总数为 102 个。

表 3 - 8 表明，2007—2009 年，分别有 53、53、64 家公司的资产负债率水平超过 60%，占总数的 51.96%、50.47%、56.63%，另外这三年资产负债率大于 70% 的公司占总数的 1/4 左右。与西方发达国家房地产企业 35% 的资产负债率、香港地区大型房地产企业 30% 的资产负债率相比，我国房地产企业的资产负债率明显偏高，如此高的资产负债水平必定对企业正常经营造成负面影响。从表 3 - 7 中还可以看出，与 2007 年相比，2008 年的资产负债率有所下降，原因在于 2007 年国家对房地产采取了连续加息等一系列的调控政策，使得依附于银行贷款的房地产公司资金压力明显增大，因此不得不减少负债，而且将融资渠道由银行转向其他方面。

综合来说，由于房地产行业是典型的资金密集型行业，房地产行业最常见的融资渠道就是银行贷款。因此，我国房地产行业的公司大部分资产负债率都比较高。尽管我国房地产市场还不是很成熟，但这样高的负债率严重影响了企业的稳定发展，因此应当适度降低资产负债率，防范市场风险。

2. 债务期限结构

债务期限结构是指公司债务中长期负债与流动负债之间的比例关系，公司的债务期限结构对公司的经营成本与风险具有重大影响。根据资金运用的匹配原则，公司资本配置安排要与项目开发周期相一致：短期项目，由于其对资本流动性有较高的要求，因此在筹集资金时宜采用短期负债；长期项目，对资本流动性相对要求低一些，可采用长期负债筹资。合理的负债结构对公司绩效影响巨大。比如在长期项目投资中如果采用短期负债资金，将造成企业资金周转出现困难，增加财务风险；在短期项目投资中如果采用长期负债资金，将会增加筹资成本，导致公司的经营成本上升，降低公司绩效。本书用流动负债率（流动负债与总负债的比值）和长期负债率（上市公司非流动负债与总负债的比值）来表示债务期限结构，我国 A 股市场房地产上市公司 2007—2009 年流动负债率和长期负债率统计结果见表 3 - 9。

表 3 - 9　　　　　　2007—2009 年我国房地产上市公司流动负债率和
长期负债率统计结果

	年度	2007	2008	2009
流动负债率（%）	最小值	21.09	16.56	20.31
	最大值	100.00	100.00	100.00
	均值	78.79	77.90	72.80
长期负债率（%）	最小值	0.00	0.00	0.00
	最大值	78.91	83.44	79.69
	均值	21.21	22.10	27.20

　　表 3 - 9 表明，2007—2009 年我国房地产上市公司的平均流动负债率在 70% 以上，长期负债率较低。结合上面分析得出的我国房地产上市公司资产负债率一直较高的结论，这说明在高的资产负债率情况下，我国房地产上市公司更倾向于使用短期负债的方式获得资金，即公司大部分债务是以短期的形式存在，公司长期负债短期化，也就是说，房地产公司资金来源与资金用途并不十分匹配。另外，2007—2009 年我国房地产上市公司的平均流动负债率呈下降态势，这说明公司经营者已经意识到过高的短期负债给公司带来的影响，开始注重采用长期负债融资，于是短期负债结构比率开始下降，负债结构向更加稳健的方向发展。

　　3. 债务所有者结构

　　我国房地产行业和其他行业相比，最大的特点就是对外部资金尤其是银行信贷资金的依赖程度较大，自有资金、股权融资以及债券融资比例相对较小（表 3 - 10）。表 3 - 10 表明，我国房地产开发资金中国内贷款所占比重都比较高，基本在 20% 左右。尽管国内贷款所占比重基本上小于自筹资金所占比重，但在其他资金来源中（占比在 50% 左右）大约 80% 都是消费者的购房款，而这部分资金大约 80% 又来自于个人住房消费贷款①，据此可大体估计出我国房地产开发资金来源于银行体系的商业贷款的比例大约在 52%，这表明我国房地产企业对银行贷款的依赖性较大，融资渠道过于单一。

----

　　①　来源于参考文献[5]。

　　本书用银行借款负债比率（上市公司短期借款、长期借款之和与总负债的比值）来表示债务所有者结构，我国 A 股市场房地产上市公司2007—2009 年银行借款负债比率统计结果见表 3 - 11。表 3 - 11 表明，2007—2009 年银行借款负债比率最大值和均值都有下降的趋势，这表明随着房地产市场不良贷款增多，国家开始加强宏观调控，因此造成银行借款负债比率逐年下降。将银行借款负债比率与资产负债率相对比，2007、2008 年超过资产负债率的60%、2009 年也接近55%，说明银行借款负债比率所占比重较高，即我国房地产上市公司比较依赖银行借款。上面分析得出我国房地产开发资金来源于银行的贷款比例大约在52%，而在发达国家，房地产开发资金股权融资、其他各种直接融资方式占70%左右，银行贷款和债券融资等间接融资方式仅占10%—15%左右①。

表 3 - 10　　　　　1998—2009 年全国房地产开发资金来源情况　　　单位：亿元、%

年度	资金来源小计	国内贷款	国内贷款比重	自筹资金	自筹资金比重	其他来源	其他来源比重
1998	4414.94	1053.17	23.85	1166.98	26.43	2194.79	49.71
1999	4795.90	1111.57	23.18	1344.62	28.04	2339.71	48.79
2000	5997.63	1385.08	23.09	1614.21	26.91	2998.34	49.99
2001	7696.39	1692.20	21.99	2183.96	28.38	3820.23	49.64
2002	9749.95	2220.34	22.77	2738.45	28.09	4791.17	49.14
2003	13196.92	3138.27	23.78	3770.69	28.57	6287.96	47.65
2004	17168.77	3158.41	18.40	5207.56	30.33	8802.79	51.27
2005	21397.84	3918.08	18.31	7000.39	32.72	10479.37	48.97
2006	27135.55	5356.98	19.74	8597.09	31.68	13181.49	48.58
2007	37477.96	7015.64	18.72	11772.53	31.41	18689.79	49.87
2008	39619.36	7605.69	19.20	15312.10	38.65	16701.57	42.16
2009	57128.00	11293.00	19.77	17906.00	31.34	27459.00	48.07

数据来源：历年《中国统计年鉴》。

---

① 牛凤瑞：《中国房地产发展报告》，社会科学文献出版社 2004 年版。

表 3 - 11 　　　　2007—2009 年我国房地产上市公司银行借款
负债比率统计结果

	年度	2007	2008	2009
银行借款负债比率（%）	最小值	0.00	0.00	0.00
	最大值	91.57	84.25	81.59
	均值	35.68	35.43	32.36
资产负债率（%）	均值	57.81	56.53	59.59
银行借款负债比率/资产负债率（%）		61.72	62.67	54.30

第三节　我国房地产上市公司绩效分析

第一章分析中曾指出，上市公司财务指标一直是评价公司绩效使用最广泛的指标，主要原因在于一般公司的长期目标总是纯财务性的，而财务绩效评价指标直接与公司财务目标相衔接。以下将利用传统的财务指标对我国 A 股房地产上市公司 2007—2009 年的经营绩效进行分析，数据来源同上。

1. 房地产上市公司资产规模和业绩快速增长

2009 年，沪深房地产上市公司平均总资产为 91.15 亿元，同比增长 31.64%，增速较上年同期提高近 8 个百分点，资产规模增长幅度明显（图 3 - 1）。随着资产规模的扩大，房地产上市公司的营业收入也出现大幅增长，2009 年，沪深房地产上市公司平均营业收入为 25.14 亿元，同比增长 31.49%，增速较上年同期提高 19 个百分点。

2. 利润增幅巨大且盈利能力持续上升

2009 年，在营业收入较快增长影响下，多数房地产上市公司的利润增长显著，进一步提升了企业的净资产收益水平。沪深上市房地产公司的净利润总额均值为 3.69 亿元，同比增长 41.92%，盈利水平明显提高。沪深房地产上市公司平均净资产收益率（ROE）为 12.76%，较上年提升 2.7 个百分点（图 3 - 2）。

3. 政策调整带来股市震荡，市值缩水明显

2007 年以来，房地产上市公司的市值经历"过山车"的变化。2007 年，为减轻金融危机带来的影响，国家放宽了房地产调控，市值

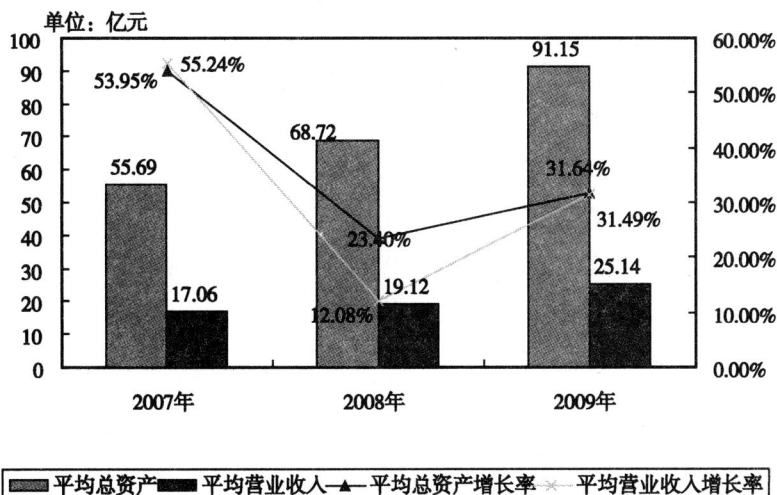

图 3 - 1　2007—2009 年房地产上市公司总资产均值、
营业收入均值及其增长率

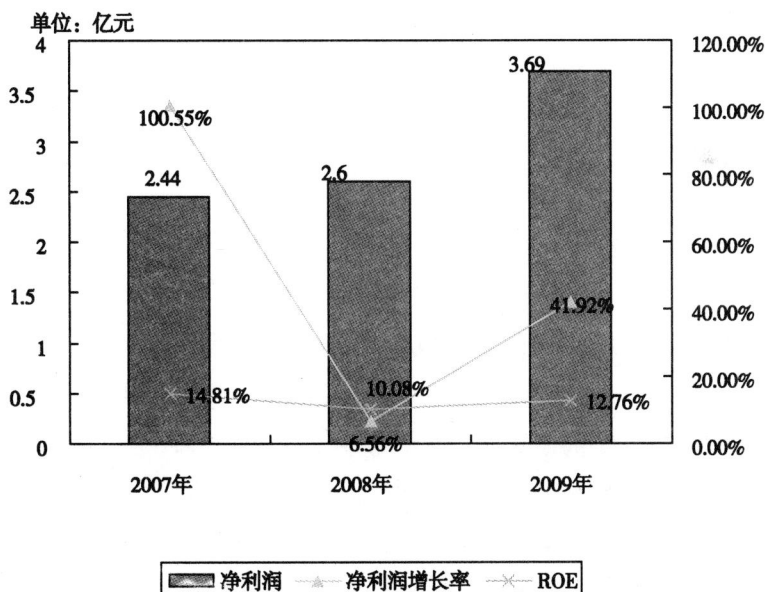

图 3 - 2　2007—2009 年房地产上市公司平均 ROE、
平均净利润总额及其增长率

随之高涨。但 2008 年，宏观调控力度开始加强，房地产市场开始趋冷，
股市市值开始下跌。2008 年 12 月起国家宏观调控政策逐渐宽松，在信

贷支持、政策宽松的背景下，房地产行业高速发展，房地产上市公司总市值大幅上涨，截至 2009 年年底，沪深房地产上市公司平均市值为98.9 亿元，市值同比均实现翻番。但 2010 年 4 月以来，随着房价调控政策的密集出台，房地产板块连续走低，市值缩水又非常明显。

总的来说，2007—2009 年我国房地产上市公司的绩效呈现出"过山车"的变化特征，其经营绩效与国家宏观调控密切相关。另外，尽管近几年来我国房地产投资额高速增长，商品房销售火爆，商品房的销售额及销售价格均也快速增长，上市公司盈利能力有所提升，但房地产上市公司的整体业绩平平（如 ROE 在 2007 年就与沪市上市公司整体水平差别不大①）。我国房地产上市公司整体的绩效水平不高的原因可能是因为公司的股权结构不合理、公司的经营管理方法欠佳和房地产行业的历史遗留问题导致的。因此，要想真正提高房地产公司的经营绩效，就要从根本的原因来入手，优化公司的资本结构，合理配置市场资源，提高经营管理水平。

本章小结

本章对我国房地产上市公司资本结构和经营绩效现状进行了总结和分析，得出以下观点：

（1）我国房地产上市公司股权集中度相对较高，仍有一定数量的公司处于第一大股东绝对控股的状态，股权较为分散的公司比例相对较低，这可能与房地产行业特征、流通股比例较大等因素都有关系。

（2）国有股比例、法人股比例整体相对较低，社会公众流通股在公司股权结构中所占份额较大。原因在于由于房地产行业资金需求量大，许多上市公司通过增资扩股或扩大发行规模导致流通股比例上升，再就是股权分置改革的推进也使得国有股和法人股比例下降。

（3）我国房地产企业的资产负债率明显偏高，如此高的资产负债水平必定对企业正常经营造成负面影响。另外，在高的资产负债率情况

---

① 王绍斌在《2007 年沪市上市公司年报业绩总体情况分析》指出 2007 年沪市所有上市公司平均净资产收益率为 14.18%。

下，房地产上市公司更倾向于使用短期负债的方式获得融资。再者，我国房地产上市企业比较依赖银行借款，银行借款负债比率比重较大。

（4）我国房地产上市公司整体绩效水平不高，原因可能是因为公司的股权结构不合理、公司的经营管理方法欠佳和房地产行业的历史遗留问题导致的。另外，国家出台的宏观调控政策对公司经营绩效也会产生一定的影响。

第四章

房地产上市公司资本结构
微观影响因素的实证分析

资本结构理论研究表明，企业资本结构的选择受到很多因素的影响。只有对资本结构影响因素进行充分的了解，企业的资本结构才能得到改善和优化，公司的理财目标才能实现。这些影响因素对企业资本结构决定影响的大小必须从实证的角度进行分析。从第二章对资本结构影响因素已有研究文献的回顾可以看出，企业的资本结构要受到诸如成长性、规模、盈利能力等微观因素的影响，同时还受到产品市场、公司控制权、金融法律体系宏观因素等影响，其中微观影响因素是研究的重点。虽然就影响上市公司资本结构的微观因素，国内外学者已经进行了大量的系统研究，但到目前为止尚未有一个统一的结论。上一章针对我国房地产上市公司的资本结构现状作了分析，为我国房地产上市公司资本结构的优化指明了方向，但优化企业资本结构还需要明确具体调整因素，以达到最终的优化目的。本章将采用理论阐述与实证分析的方法对影响房地产上市公司资本结构的公司特质等微观因素进行实证分析，力图找出资本结构和这些因素之间的相关关系，以便能够更好地对资本结构进行优化，从而降低公司资本成本，提高公司绩效。

第一节　资本结构微观影响因素的定性分析

一、公司规模

权衡理论持有这样的观点，对大公司来说，他们更愿意采用多角化的经营战略或者是纵向一体化的战略。多角化经营使企业具有较稳定的现金流，不容易陷入财务困境，还可以有效降低企业的破产概率，承受较高的负债水平，降低企业经营风险，提高企业发展的稳定性。公司如实施纵向一体化战略，公司的经济效益、负债融资倾向和内源融资能力都会得到提高和增强。优序融资理论认为如果公司规模较大，其筹资方式也会多样化，原因在于公司规模和财务杠杆存在负向的关系。信息不对称理论认为，相对于小公司而言，大公司的信息比较透明，外部投资者可以获得更多的信息，因此大公司更倾向于选择权益融资而不是债务融资。从上面理论分析可以看出，公司规模对资本结构的影响具有不确定性。就我国的房地产上市公司来讲，银行信贷更仰赖那些规模较大的公司，原因是这些公司整合资源的能力非常强，与规模小的房地产企业相比，规模大的公司具有更强的经营稳健性和抗风险能力、更好的银行信誉和商业信用，政府在信贷扶持方面的力度也比较大。

实证分析也表明，公司规模和资本结构之间确实存在相关关系，但分析结论却不尽一致。Smith（1992）[1] 研究发现由于小公司面临的股权发行成本更高，因此更有可能选择较高的负债水平，公司规模与资产负债率呈负相关关系。Frank 和 Goyal（2003）的实证研究则得到公司规模与其资本结构正相关的结论[2]。虽然国外学者的实证研究结论不一，但国内学者如肖作平和吴世农（2002）[3]、赵冬青和朱武祥（2006）[4] 等实证研究却得到了大致相同的结论，即上市公司资本结构与其企业规模正相关。

二、可抵押资产比例

资产的不同结构代表了公司负债不同的可抵押价值，这对公司的资本结构将会产生直接的影响。优序融资理论持有以下观点：公司经理与外部股东之间的信息不对称程度可以通过担保债务的发行得到一定程度的缓解，原因是担保债务可以使公司的股权价值得到增加。代理理论和

---

① Smith C. W. Jr. and Watts, R. L. *The Investment Opportunity Set and Corporate Financing*, *Dividend and Compensation Policies. Journal of Financial Economics*, 1992（32）.

② Frank M. Z. and Goyal, V. K. *Testing the pecking order Theory of Capital Structure. Journal of Financial Economics*, 2003（67）.

③ 肖作平、吴世农：《我国上市公司资本结构影响因素实证研究》，《证券市场导报》2002年第8期。

④ 赵冬青、朱武祥：《上市公司资本结构影响因素经验研究》，《南开管理评论》2006年第2期。

平衡理论预测固定资产和存货可以被视为可抵押资产，它们与资产负债率呈正相关关系，也就是说，固定资产比重较大的公司负债能力较强。而专利技术、商誉等无形资产可以看作是不可抵押资产，与资产负债呈负相关关系。如果公司的无形资产所占总资产的比例过大，就会使公司资产的不确定性加大，债权人对公司的监管就变得困难。通常来说，具有大量固定资产的公司筹集资金主要通过长期负债和发行股票来进行；相反，流动资产较多的公司则主要采用短期负债来筹集资金。Myers 和Majluf（1984）则认为，企业以有形财产担保举债经营，可以减少债权人因信息不对称所产生的监督成本，特别是信用不良的企业，在有形财产担保的情况下，债权人提供贷款的可能性变大。企业的有形资产越多，使企业通过资产的担保，可筹集更多的资金①。当然也有学者持相反的观点，Grossman 和 Hart（1982）认为，可抵押资产比重过低会增加公司资产的可塑性，这使管理者可以随意地支配公司资产，并且使债权人的监控变得更加困难。当可塑性与高额监督成本结合起来时，就可能产生道德风险问题，而高负债造成的破产威胁可以降低这种道德风险。因此如果公司可担保财产较少，则其利益相关者就会对资产负债率提出高的要求②。国内外大部分实证研究如 Rajan 和 Zingales （1995）③、Jordan 和 Taylor（1998）④、肖作平和吴世农（2002）⑤ 等的研究结果都表明可抵押资产价值（固定资产和存货）与企业负债比率呈现出正的相关关系，当然也有学者如 Barton 和 Gordon（1989）⑥、王娟和杨凤林

---

①　Myers S. C. and Majluf N. S. *Corporate Financing and Investment Decisions When Firms Have Information That Investors Do not Have. Journal of Financial Economics*，1984（13）.

②　Grossman S. J. and Hart O. D. *Corporate Finance Structure and Managerial Incentives*，in J. McCal：*The Economics of Information and Uncertainty. University of Chicago Press*，1982.

③　Rajan R. and Zingales L. *What Do We Know about Capital Structure? Some Evidence from International Data. Journal of Finance*，1995（50）.

④　Jordan J.，Lowe J. and Taylor P. *Strategy and Financial Policy in UK Small Firms. Journal of Business Finance and Accounting*，1998（25）.

⑤　肖作平、吴世农：《我国上市公司资本结构影响因素实证研究》，《证券市场导报》2002 年第 8 期。

⑥　Barton S. L.，Hill C. H. and S. Sundaram. *An Empirical test of Stakeholder Theory Predictions of Capital Structure. Finance Management*，1989（18）.

（2002）[①] 得出负相关的结论。

三、盈利能力

尽管学者们都认为盈利能力是影响企业资本结构的重要因素，但资本结构的不同理论对于两者之间的关系始终存在争论，尚未达成一致的观点。基于 MM 的税收模型持有以下观点：由于盈利能力强的公司对避开公司税的需求更强烈，因此在其他条件相同情况下一般会选择较多的负债；权衡理论认为，较强的盈利能力能够产生更高的利润，这就需要更高的债务水平获得利息抵税收益。另外，较强的盈利能力提高了公司的偿债能力，降低了企业的财务风险，使企业财务危机成本降低，最优债务水平提高；优序融资理论则从信息不对称和理性预期角度指出内源融资的优先性，认为公司融资的一般顺序是保留盈余—发行债券或者贷款—发行股票。因此，对有高获利能力的企业来说，当需要资金时，首先以保留盈余支付，在这种情况下，盈利高的公司往往债务少；在代理成本模型中则认为对于有着自由现金流或高利润的公司，高负债可以制约管理层的处置权。因此盈利性越大的企业为了降低经理人的代理成本，会采取较高的负债水平。国内外学者对于盈利能力与资本结构相关性的实证研究结论是混合的，Kester（1986）[②]、Booth（2001）[③]、陆正飞和辛宇（1998）[④]、张春和廖冠民（2007）[⑤] 等认为资本结构与盈利性负相关，Chowdhury 和 Miles（1989）[⑥]、Rajan 和 Zingales（1995）[⑦]、

---

① 王娟、杨凤林：《基于现金流的现代资本结构研究的最新进展》，《外国经济与管理》2002 年第 1 期。

② W. Carl Kester. *Capital and Ownership Structure: A Comparison of United States and Japanese Manufacturing Corporations. Financial Management*，1986（15）.

③ Booth L. , Aivazian V. and Demirguc-Kunt A. *Capital Structure in Developing Countries. Journal of Finance*，2001（56）.

④ 陆正飞、辛宇：《上市公司资本结构主要影响因素之实证研究》，《会计研究》1998 年第 8 期。

⑤ 张春、廖冠民：《中国上市公司资本结构的决定因素》，中国金融国际年会 2007 年。

⑥ MacKie and Mason J. K. *Do Taxes Affect Corporate Financing Decisions? Journal of Finance*，1990（45）.

⑦ Rajan R. and Zingales L. *What Do We Know about Capital Structure? Some Evidence from International Data. Journal of Finance*，1995（50）.

洪锡熙和沈艺峰（2000）[1]、王娟和杨凤林（2002）[2] 等学者的研究认为盈利能力越强的公司资产负债率越高。

四、公司所得税

莫迪利亚尼和米勒的企业所得税模型显示，公司的绩效与公司的负债水平存在正相关关系。由于债务具有税收抵免作用，税率上升，公司将更趋向于负债，以便能够更充分地享受税盾收益。静态权衡理论也认为公司最优负债比率是负债的税盾作用与破产成本之间的权衡。国外很多学者研究都发现税率是影响资本结构一个重要的制度因素，公司边际税率的改变影响融资决策，边际负债偏好与实际边际税率正相关。但是，MacKie 和 Mason（1990）则认为税收对财务行为的影响始终没有研究能够做出合理的解释，原因可能在于负债与股权比率的比值是多年决策的累计结果。因此，多数税盾对于边际税率的影响比较微小，甚至可忽略不计[3]。尽管有关公司所得税对资本结构选择影响的理论文献相当丰富，但由于税收的稳定性与相对公平性降低了实证研究的意义。另外，我国政府行为还存在许多不规范的地方，税收制度也存在一定的不合理性，这都使得企业能够找到税收减免的方式和途径，税收制度较大的弹性导致企业的实际税收负担存在巨大的差异，因此我国实证研究结果也不统一。国内外一些学者如 Gropp（2002）[4]、Delcoure（2007）[5]、冯根福和吴林江（2000）[6] 等研究表明企业实际面临的税率与负债水平

---

① 洪锡熙、沈艺峰：《我国上市公司资本结构影响因素的实证分析》，《厦门大学学报》（哲学社会科学版）2000 年第 3 期。

② 王娟、杨凤林：《基于现金流的现代资本结构研究的最新进展》，《外国经济与管理》2002 年第 1 期。

③ MacKie and Mason J. K. *Do Taxes Affect Corporate Financing Decisions?*. *Journal of Finance*, 1990（45）.

④ Gropp R. *Local Taxes and Capital Structure Choice*. *International Tax and Public Finance*, 2002（9）.

⑤ Delcoure N. *The Determinants of Capital Structure in Transitional Economies*. *International Review of Economics & Finance*, 2007（16）.

⑥ 冯根福、吴林江：《我国上市公司资本结构形成的影响因素分析》，《经济学家》2000 年第 5 期。

正相关，Krishman 和 Moyer（1996）[①]、姚学清（2005）[②] 认为负债水平与税率是负相关关系，而 Kim 和 Sorensen（1986）[③]、Chen 和 Strange（2006）[④]、张红和朱骏（2006）[⑤]等学者研究没有得到显著的证据证明二者是否有关。

五、非负债税盾

非负债税盾是指公司折旧、养老金、投资税收优惠（即投资税收抵免）和税务亏损递延等所产生的纳税抵减。DeAngelo 和 Masulis（1980）发现并不只有负债融资能够减少公司的净利润起到抵税作用，折旧、无形资产的摊销、税务亏损递延等也是债务融资带来的避税收益的替代品，并不是只有负债融资能够减少公司的净利润起到抵税作用[⑥]。无形资产的摊销、固定资产的折旧等都可列为费用，来减少净利润的总额，进而减少所得税的支出，具有类似税盾的效益。在其他情况相同时，非债务税盾较多的公司预期会有较少的债务，非债务税盾与资本结构具有负相关关系。作为一种替代形式的杠杆，非负债税盾不会产生到期不能偿付债务的风险，这使得在避税总额既定时采用较高比例的非负债避税来提高公司价值成为可能。国内外已有的实证结果大多也证实了 DeAngelo 和 Masulis（1980） 的分析，Jensen 等（1992）[⑦]、王娟和杨凤林（2002）[⑧] 等的研究表明非债务税盾和负债水平负相关。也有学者的研

① Krishman V. S. and Moyer R. C. *Determinants of Capital Structure: an Empirical Analysis of Firms in Industrialized Countries. Managerial Finance*，1996（22）.

② 姚学清：《上市公司资本结构影响因素的实证检验》，《企业经济》2005 年第 5 期。

③ Wi Saeng Kim. and Eric H. Sorensen. *Evidence on the Impact of the Agency Costs of Debt on Corporate Debt Policy. Journal of Financial and Quantitative Analysis*，1986（21）.

④ Chen J. and Strange，R. *The Determinants of Capital Structure: Evidence from Chinese Listed Companies. Economic Change and Restructuring*，2005（38）.

⑤ 张红、朱骏：《我国房地产上市公司资本结构实证研究》，《建筑经济》2006 年第 10 期。

⑥ Harry DeAngelo and Ronald W. Masulis. *Optimal Capital Structure under Corporate and Personal Taxation. Journal of Financial Economics*，1980（8）.

⑦ Gerald R. Jensen，Donald P. Solberg and Thomas S. Zorn. *Simultaneous Determination of Insider Ownership，Debt，and Dividend Policies. Journal of Financial and Quantitative Analysis*，1992（27）.

⑧ 王娟、杨凤林：《基于现金流的现代资本结构研究的最新进展》，《外国经济与管理》2002 年第 1 期。

究表现出不同的观点，Downs（1993）①、Boyle 和 Eckhold（1997）② 等认为财务杠杆与非债务税盾正相关，而 Titman 和 Wessels（1988）③ 认为非债务税盾和负债水平并没有显著性影响。

六、股权集中度

代理成本理论认为，非所有者掌握控制权导致了代理成本的产生。Jensen（1986）认为，经理人会出于自利目的损害股东利益产生代理问题，这种代理问题可以通过内、外部的约束加以缓减。债务支付减少了经理人员可以自由支配的现金流，从而减少了公司低效投资的可能性，债务的约束作用使得代理成本降低。股权的过度分散和非所有者的管理者控制导致了代理成本的产生，股权的适度集中和外部大股东的监督能有效降低代理成本。股权集中、管理层持股和公司债务在降低代理成本方面有相互的替代作用，因此股权结构对资本结构会产生影响④。Grossman 和 Hart（1982）认为，随着股东持股比例的增大，他的经济利益和投票权也将随之增大。大股东从自身利益最大化的角度出发，将产生很强的动机和能力来对管理者进行监督，同时利用负债这种纪律约束来要求和促进公司的经营管理者勤奋工作并作出正确的投资决策，这将会使企业的代理成本进一步降低。当然，大股东可能采用"隧道行为"而使公司的许多资源流失，而且有些大股东为了获取利益可能牺牲小股东的收益。尤其是当股权集中度过高时，大股东可能会选择通过权益融资来获得投资回报。以上两方面的原因导致了资本结构与股权集中度的相关性检验结果出现了分歧⑤。Friend 和 Lang（1988）⑥、Mehran

---

① Thomas W. Downs. *Corporate Leverage and Nondebt Tax Shields*: *Evidence on Crowding-Out. Financial Review*, 1993（28）.

② Boyle G. W. and Eckhold K. R. *Capital Structure Choice and Financial Market Liberalization*: *Evidence from New Zealand. Applied Financial Economics*, 1997（7）.

③ Titman S. and Wessels R. *The Determinants of Capital Structure. Journal of Finance*, 1988（43）.

④ Michael C. Jensen and William H. Meckling. *Theory of the Firm*: *Managerial Behavior*, *Agency Costs and Ownership Structure. Journal of Financial Economics*, 1976（3）.

⑤ Grossman S. J. and Hart O. D. *Corporate Finance Structure and Managerial Incentives*, *in J. Mc-Cal*: *The Economics of Information and Uncertainty. University of Chicago Press*, 1982.

⑥ Irwin Friend and Larry Lang. *An Empirical Test of the Impact of Managerial Self-Interest on Corporate Capital Structure. Journal of Finance*, 1988（43）.

（1992）①、Brailsford（2002）② 等学者研究认为股权集中度与负债水平正相关，而 Short（2002）③、肖作平（2005）④、汪强和吴世农（2007）⑤ 发现股权集中度与总资产负债率负相关。

七、成长性

权衡理论持有这样的观点：高成长性的公司喜欢权益融资，原因是这些公司的破产成本较高。代理理论的观点则是：因为公司由股东控制，股东具有侵占公司债权人利益的次优投资倾向。如果一家公司正处于成长期，这时它对未来的投资选择弹性比较大，因此也将承受较高的债务代理成本，其预期成长性应该与负债水平呈负相关关系。国内外关于成长性对资本结构影响的实证研究也没有得出一致的结论。Titman 和 Wessels（1988）⑥、Supanvanij（2006）⑦、洪锡熙和沈艺峰（2000）⑧ 等研究认为成长性与负债比率间无显著关系，Boyle 和 Eckhold（1997）⑨、Jordan 和 Taylor（1998）⑩、吕长江和韩慧博（2001）⑪ 研究认为成长性

① Mehran H. *Executive Incentive Plans, Corporate Control, and Capital Structure. Journal of Financial and Quantitative Analysis*，1992（27）.

② Timothy Brailsford and Barry Oliver. *On the Relation between Ownership Structure and Capital Structure. Accounting and Finance*，2002（42）.

③ Short H., Keasey K. and Duxbury, D. *Capital Structure, Management Ownership and Large External Shareholder：a UK Analysis. International Journal of Business*，2002（9）.

④ 肖作平：《公司治理结构对资本结构类型的影响——一个 Logit 模型》，《管理世界》2005 年第 9 期。

⑤ 汪强、吴世农：《公司治理是如何影响资本结构的——基于我国上市公司的实证研究》，《经济管理》2007 年第 12 期。

⑥ Titman S. and Wessels R. *The Determinants of Capital Structure. Journal of Finance*，1988（43）.

⑦ Supanvanij J. *Capital Structure：Asian firms VS. Multinational Firms in Asia. Journal of American Academy of Business*，2006（10）.

⑧ 洪锡熙、沈艺峰：《我国上市公司资本结构影响因素的实证分析》，《厦门大学学报》（哲学社会科学版）2000 年第 3 期。

⑨ Boyle G. W. and Eckhold K. R. *Capital Structure Choice and Financial Market Liberalization：Evidence from New Zealand. Applied Financial Economics*，1997（7）.

⑩ Jordan J., Lowe J. and Taylor P. *Strategy and Financial Policy in UK Small Firms. Journal of Business Finance and Accounting*，1998（25）.

⑪ 吕长江、韩慧博：《上市公司资本结构特点的实证分析》，《南开管理评论》2001 年第 5 期。

与负债比率间呈正相关关系，Barton 和 Gordon（1988）[1]、Rajan 和 Zingales（1995）[2]、肖作平和吴世农（2002）[3]、敬辉蓉和赵静（2007）[4]研究认为成长性与负债比率间呈负相关关系。

第二节　研究方法与样本变量选取及设计

在经典的计量经济学模型中，回归分析大部分采用的是时间序列数据或横截面数据等二维数据。在已有的研究中，对资本结构影响因素的实证分析也大多采用多元线性回归分析。面板数据（Panel Data）包含横截面、时间和指标三维数据信息，通过 Panel Data 模型构造的行为方程比以往的二维信息更为真实，利用面板数据进行计量经济分析是现代计量经济理论和方法的重要进展之一。本章将在上面对房地产上市公司微观影响因素定性分析的基础上建立面板数据模型对上述影响因素进行定量分析和实证检验。

一、面板数据模型简介

Panel Data 模型是一类利用平行数据分析变量间相互关系并预测其变化趋势的计量经济模型，它既能反映某一时期各个个体数据中所隐含的规律，也能描述每个个体随时间变化的规律，集合了时间序列和截面数据两方面的信息，能够提供更大容量的样本点，改善参数估计的有效性，可以用来深入分析复杂的经济问题[5]。

面板数据模型如下：

$$y_{it} = \alpha_{it} + \beta'_{it} x_{it} + \mu_{it} (i = 1,2,\cdots,N; t = 1,2,\cdots,T)$$

式中 α_{it} 为截矩项，$x_{it} = (x_{1it}, x_{2it}, \cdots, x_{Kit})$ 为外生变量向量，$\beta'_{it} = (\beta_{1it}, \beta_{2it}, \cdots, \beta_{Kit})$ 为参数向量，i 是外生变量个数，N 为截面单位总数，T

[1]　Sidney L. Barton and Paul J. Gordon. *Corporate Strategy and Capital Structure. Strategic Management Journal*，1988（9）.

[2]　Rajan R. and Zingales L. *What Do We Know about Capital Structure? Some Evidence from International Data. Journal of Finance*，1995（50）.

[3]　肖作平、吴世农：《我国上市公司资本结构影响因素实证研究》，《证券市场导报》2002 年第 8 期。

[4]　敬辉蓉、赵静：《竞争环境动态性对资本结构选择的影响——基于中国上市公司经验研究》，《商场现代化》2007 年第 5 期。

[5]　李子奈、叶阿忠：《高等计量经济学》，清华大学出版社 2000 年版。

是时期总数。随机扰动项 μ_{it} 相互独立，且满足零均值、同方差。

模型常用的有如下三种情形：

情形 1： $\alpha_{it} \neq \alpha_{jt}$, $\beta_{it} \neq \beta_{jt}$ （变参数模型）

情形 2： $\alpha_{it} \neq \alpha_{jt}$, $\beta_{it} = \beta_{jt}$ （变截距模型）

情形 3： $\alpha_{it} = \alpha_{jt}$, $\beta_{it} = \beta_{jt}$ （不变参数模型）

对于情形 1，称为变参数模型，除了存在个体影响外，在横截面上还存在变化的经济结构，因而结构参数在不同横截面上是不同的。

对于情形 2，称为变截距模型，在横截面上个体影响不同，个体影响表现为模型中被忽略的反映个体差异的变量的影响，又可分为固定影响和随机影响两种情况。

对于情形 3，在横截面上无个体影响、无结构变化，相当于将多个时期的截面数据放在一起作为样本数据。

根据模型中参数 α_{it} 的不同，Panel Data 模型可分为固定效应模型和随机效应模型。在实证研究中，固定效应模型和随机效应模型的选择可以采用以随机效应模型为原假设的 Hausman 检验值是否显著进行判别。

由于选取的样本时间区间仅为 3 年，小于变量个数，无法适用变参数模型，因此本书采用变截距模型进行实证分析。

二、样本选取及变量设计

1. 样本的选取

本章以在沪深上市的 A 股房地产上市公司 2007—2009 年的年度财务数据为研究基础，按照以下原则来选取样本：

（1）剔除 ST 和 PT 类上市公司。这些公司财务状况不正常，若将这些公司纳入研究将会影响研究的结果。

（2）本章研究对象是房地产开发经营企业（证监会 CSRC 标准划分）的上市公司，因此根据主营业务收入占总业务收入的比例，对小于 50% 的进行了剔除。

（3）有些房地产上市公司是"借壳上市"或"买壳上市"，因此这些公司被剔除。另外，考虑到新上市公司的业绩容易出现非正常性的波动，因此仅选取 2006 年以前上市的房地产公司作为研究样本。

（4）为了保持和后面章节研究的一致性，对一些数据不全的上市公司不予考虑。

　　基于以上原则本章选取了 48 家上市公司作为研究总体①，有效样本数目为 144 个。原始数据来源：锐思金融研究数据库、各上市公司年报。

　　2. 变量的设计

　　根据国内外已有的研究成果，考虑到数据的可得性，结合上述对资本结构微观影响因素的定性分析，实证分析选取以下变量：资本结构用资产负债率来表示，作为研究的被解释变量；解释变量包括公司规模、可抵押资产比例、净资产收益率（反映盈利能力）、实际所得税率（反映公司所得税）、非负债税盾、股权集中度、总资产增长率（反映成长性）。具体各个变量的界定如表 4 – 1。

表 4 – 1　　　　　　　　　　　　变量定义表

变量名称	变量符号	变量定义
资本结构	LV	资产负债率 = 总负债/总资产×100%
公司规模	SIZE	总资产的自然对数 = LN（总资产）
可抵押资产比例	TANG	可抵押资产比例 =（存货 + 固定资产）/总资产×100%
非负债税盾	NDTS	非负债税盾 = 折旧/总资产×100%
实际所得率	TAX	实际所得税税率 = 应交所得税/利润总额×100%
净资产收益率	ROE	ROE = 净利润/净资产×100%
总资产增长率	TAGR	GROA =（年末总资产 – 年初总资产）/年初总资产×100%
股权集中度	H_5	前五大流通股股东各自占公司总股本比例的平方和

三、变量描述性统计

　　表 4 – 2 是对样本公司 2007—2009 年资产负债率的描述性统计结果，从表中可以看到，样本房地产上市公司平均资产负债比率都超过了 55%，这与上章对所有房地产上市公司的研究结果基本吻合。从这 3 年的变化趋势来看，资产负债比率均值体现了上升的走势，但是上升程度

---

　　① 样本公司名称见附录：表 1。

并不明显。

表 4 - 2　　　　　房地产上市公司资产负债率的描述性统计结果

	最小值	最大值	均值	标准差
2007	21.82	82.75	55.47	14.93
2008	24.60	81.99	55.64	14.93
2009	25.55	77.78	60.01	12.17

表 4 - 3 是房地产上市公司资本结构微观影响变量的描述性统计结果。表 4 - 3 表明:(1)各相关变量历年变化趋势不是十分稳定,原因是这三年国家加强了房地产宏观调控,调控政策可能对房地产公司财务绩效产生较大影响。当然,2008 年世界金融危机对我国房地产市场的影响作用也不容忽视。(2)公司规模逐年提高,表明我国房地产市场近年来发展迅速,房地产上市公司经营实力明显增强。(3)从资产结构来看,可抵押资产的比例在 2008 年上升后又再次降低,这也反映了房地产行业资产规模不断壮大的趋势受到金融危机和宏观调控的影响。(4)净资产收益率呈下降趋势,而规模却显著上升,这说明上市公司资产质量下降,运营效率也下降,当然也可能与国家近三年出台的一系列宏观调控政策有关。(5)公司所得税基本平稳,说明我国的税收政策能够把实际税率控制在比较稳定的范围内。(6)非负债税盾呈下降趋势,原因在于近些年房地产公司的资产规模扩张较大,同时企业对折旧的计提也相对不足,上市公司资产更新速度慢,房地产企业并没有真正有效利用非负债税盾的作用。(7)股权集中度 H_5 指数比较高,说明我国房地产上市公司的决策权掌握在少数大股东手里,前 5 位股东所占股权将处于绝对支配地位,这与上一章研究结果一致。

表 4 - 4 是房地产上市公司资本结构微观影响各变量的 Pearson 相关系数表,从该表可以粗略看出:(1)资产负债率与公司规模和可抵押资产比例之间正相关,与非负债税盾、净资产收益率、股权集中度 H_5 指数负相关;(2)公司规模与可抵押资产比例、净资产收益率、总资产增长率正相关;(3)可抵押资产比例与净资产收益率正相关;(4)净资产收益率与实际所得税率负相关,与股权集中度指数 H_5 正相关。

表4－3   房地产上市公司资本结构微观影响变量描述性统计结果

变量名称	年度	2007	2008	2009
公司规模 （SIZE）	最小值	8.46	8.43	8.38
	最大值	11.00	11.08	11.14
	均值	9.61	9.68	9.82
	标准差	0.46	0.50	0.52
可抵押资产比例 （TANG）	最小值	4.59	13.83	19.80
	最大值	85.55	90.15	83.61
	均值	54.13	59.32	55.70
	标准差	18.84	18.31	16.21
非负债税盾 （NDTS）	最小值	0.04	0.03	0.03
	最大值	15.56	17.72	12.02
	均值	2.19	2.11	1.56
	标准差	3.25	3.40	2.20
实际所得税率 （TAX）	最小值	1.88	0.00	0.00
	最大值	93.46	74.26	92.33
	均值	30.62	26.10	26.72
	标准差	13.59	14.69	14.09
净资产收益率 （ROE）	最小值	0.07	－12.62	0.13
	最大值	33.67	23.86	24.33
	均值	12.84	7.91	10.43
	标准差	7.73	7.27	5.95
总资产增长率 （TAGR）	最小值	－18.87	－29.11	－28.11
	最大值	175.88	149.32	495.48
	均值	42.92	14.79	43.63
	标准差	50.52	28.52	77.23
股权集中度 （H_5）	最小值	1.09	1.22	0.84
	最大值	68.00	67.51	59.24
	均值	16.21	16.78	16.02
	标准差	15.06	15.28	13.50

说明：除公司规模外，其余变量单位均为％。

表 4 - 4 　　　　　　　　　**各变量 Pearson 相关系数表**

变量	LV	SIZE	TANG	NDTS	TAX	ROE	TAGR	H_5
LV	1.00	0.300*	0.399*	- 0.160*	0.101	- 0.164*	- 0.110	- 0.30*
SIZE	0.300*	1.00	0.138*	- 0.144	0.002	0.109*	0.171*	0.029
TANG	0.399*	0.138*	1.00	- 0.140	0.059	0.234*	- 0.123	0.039
NDTS	- 0.160*	- 0.144	- 0.14	1.00	0.167*	- 0.092	- 0.185*	- 0.007
TAX	0.101	0.002	0.059	0.167*	1.00	- 0.167*	- 0.067*	- 0.103
ROE	- 0.164*	0.109*	0.234*	- 0.092	- 0.167*	1.00	0.124	0.179*
TAGR	- 0.11	0.171*	- 0.123	- 0.185*	- 0.067*	0.124	1.00	0.016
H_5	- 0.30*	0.029	0.039	- 0.007	- 0.103	0.179*	0.016	1.00

说明：*表示在 5% 的水平下显著不为零。

第三节　实证模型检验与分析

一、实证模型检验

根据前面选取的相关变量构建出资本结构模型的回归方程如下：

$$LV_{it} = \beta_0 + \beta_1 SIZE_{it} + \beta_2 TANG_{it} + \beta_3 NDTS_{it} + \beta_4 TAX_{it} +$$
$$\beta_5 ROE_{it} + \beta_6 TAGR_{it} + \beta_7 H_{5it} + \mu_{it} \qquad (4-1)$$

公式中相关变量界定如表 4 - 1 所示，其中：$i = 1,2,\cdots,N$ 代表第 i 个截面单位，即样本公司；$t = 1,2,\cdots,T$ 代表第 t 个时间序列观测值，即年度时间；μ_{it} 代表随机误差。

利用 Eviews5.0 软件，运用最小二乘法、随机效应模型和固定效应模型三种不同的方法对方程 4 - 1 进行了面板回归，分析结果见表 4 - 5、表 4 - 6、表 4 - 7。结果表明，固定效应模型和最小二乘法的结果有较大差异，而固定效应模型和随机效应模型除了对股权集中度估计的相关系数的方向发生变化外，其他的相关系数大小和方向大致相同。为了在固定效应模型和随机效应模型作出取舍，对以上两个模型的估计结果进行 Hausman 检验，检验结果显示 Chi-Sq（7）为 17.92，Prob > Chi-Sq = 0.0123，拒绝随机效应模型，固定效应模型被接受。另外，固定效应模型估计的回归方程的 R_2 为 0.85，远远大于随机效应模型的 R_2，因此选用固定效应模型估计的结果对房地产上市公司资本结构和这些因素的相互关系进行分析。

表4－5　　　　　　　　　最小二乘法回归分析结果

Variable	Coefficient	Std. Error	t-Statistic	Prob.
C	－ 28. 38241	20. 83064	－ 1. 362531	0. 1753
SIZE	6. 930659	2. 163865	3. 202907	0. 0017
TANG	0. 260800	0. 061821	4. 218655	0. 0000
NDTS	－ 0. 355104	0. 369856	－ 1. 899487	0. 0993
TAX	0. 075109	0. 078358	1. 658536	0. 1305
ROE	0. 017098	0. 156606	3. 535486	0. 0009
TAGR	0. 000554	0. 019293	0. 028732	0. 9771
H_5	0. 035236	0. 073320	2. 292153	0. 0472
R-squared	0. 249013	Mean dependent var		56. 95983
Adjusted R-squared	0. 210359	S. D. dependent var		14. 03366
S. E. of regression	12. 47055	Akaike info criterion		7. 938569
Sum squared resid	21149. 99	Schwarz criterion		8. 103559
Log likelihood	－ 563. 5770	F-statistic		6. 442148
Durbin-Watson stat	0. 657549	Prob （F-statistic）		0. 000001

表4－6　　　　　　　　　随机效应模型回归分析结果

Variable	Coefficient	Std. Error	t-Statistic	Prob.
C	－ 78. 76537	28. 36479	－ 2. 776872	0. 0063
SIZE?	12. 37117	2. 884337	4. 289087	0. 0000
TANG?	0. 227576	0. 058718	3. 875744	0. 0002
NDTS	－ 0. 410515	0. 397570	－ 2. 331559	0. 0485
TAX	0. 075655	0. 066858	1. 721581	0. 1198
ROE	－ 0. 018441	0. 120140	3. 372129	0. 0011
TAGR	－ 0. 022761	0. 014428	1. 577614	0. 1170
H_5	0. 051281	0. 082645	4. 898233	0. 0000
Effects Specification				
Cross － section random S. D. / Rho			10. 39322	0. 6940
Idiosyncratic random S. D. / Rho			6. 901303	0. 3060
Weighted Statistics				
R-squared	0. 247171	Mean dependent var		20. 38976

续表

Variable	Coefficient	Std. Error	t-Statistic	Prob.
Adjusted R squared	0. 208423	S. D. dependent var		8. 062281
S. E. of regression	7. 173062	Sum squared resid		6997. 583
F-statistic	6. 378856	Durbin-Watson stat		1. 753637
Prob （F-statistic）	0. 000002			
Unweighted Statistics				
R-squared	0. 190292	Mean dependent var		56. 95983
Sum squared resid	22803. 74	Durbin-Watson stat		0. 538123

表 4 - 7　　　　　　　固定效应模型回归分析结果

Variable	Coefficient	Std. Error	t-Statistic	Prob.
C	– 308. 3131	79. 97543	– 3. 855098	0. 0002
SIZE	35. 78063	8. 126489	4. 402963	0. 0000
TANG	0. 234308	0. 077262	3. 032642	0. 0032
NDTS	– 0. 409635	0. 623282	4. 424078	0. 0000
TAX	0. 095530	0. 078450	1. 817728	0. 1066
ROE	– 0. 066274	0. 147908	2. 87721	0. 0047
TAGR	– 0. 004511	0. 018025	– 0. 250285	0. 8030
H_5	– 0. 119956	0. 127874	– 4. 482726	0. 0000
Effects Specification				
Cross-section fixed （dummy variables）				
Period fixed （dummy variables）				
R-squared	0. 855830	Mean dependent var		56. 95983
Adjusted R-squared	0. 763031	S. D. dependent var		14. 03366
S. E. of regression	6. 831504	Akaike info criterion		6. 968728
Sum squared resid	4060. 242	Schwarz criterion		8. 144279
Log likelihood	– 444. 7484	F-statistic		9. 222415
Durbin-Watson stat	2. 634440	Prob （F-statistic）		0. 000000

二、实证结果分析

根据上述实证分析结果并结合前面对房地产上市公司资本结构的微

观影响因素的定性分析，得出以下结论。

1. 公司规模

我国房地产上市公司资产负债率与公司规模之间呈现较强的正相关关系，这与 Frank 和 Coyal（2003）[1]、肖作平和吴世农（2002）[2]、赵冬青和朱武祥（2006）[3] 等人的实证研究结果相一致，说明公司规模在资本结构决策中起着重要作用。我国房地产上市公司的公司规模的确可以作为衡量破产概率的反向代理变量，规模大的房地产企业有可能实行多元化的企业发展战略，通过多元化经营可以有效地分散企业的经营风险，破产可能性小，企业的破产成本也较低。同时，规模大的房地产上市公司品牌知名度高，借贷信誉好，政府在信贷政策上的扶持力度也更大。

2. 可抵押资产比例

我国房地产上市公司的资产负债率与可抵押资产比例显著正相关，这符合代理理论和平衡理论的预测，与 Rajan 和 Zingales（1995）[4]、Jordan 和 Taylor（1998）[5]、肖作平和吴世农（2002）[6] 等的研究结果一致。房地产上市公司的可抵押资产可以有效缓解企业信息不对称的问题，由此将使公司负债融资的成本进一步降低，企业将获得更多的负债融资。另外，随着国家房地产调控力度的加大，房地产上市公司很难享受更多的信贷优惠政策，而银行为了避免给房地产企业发放信贷造成的风险，将要求房地产企业贷款必须有担保，这对于有大量有形资产的公司，其担保的获得就比较容易，也就容易从银行获得资金支持。

---

[1] Frank M. Z. and Goyal, V. K. *Testing the pecking order Theory of Capital Structure. Journal of Financial Economics*, 2003（67）.

[2] 肖作平、吴世农：《我国上市公司资本结构影响因素实证研究》，《证券市场导报》2002 年第 8 期。

[3] 赵冬青、朱武祥：《上市公司资本结构影响因素经验研究》，《南开管理评论》2006 年第 2 期。

[4] Rajan R. and Zingales L. *What Do We Know about Capital Structure? Some Evidence from International Data. Journal of Finance*, 1995（50）.

[5] Jordan J., Lowe J. and Taylor P. *Strategy and Financial Policy in UK Small Firms. Journal of Business Finance and Accounting*, 1998（25）.

[6] 肖作平、吴世农：《我国上市公司资本结构影响因素实证研究》，《证券市场导报》2002 年第 8 期。

3. 非负债税盾

非负债税盾和资产负债率呈负相关关系，这与 DeAngelo 和 Masulis（1980）①的研究结论一致，也与 Jensen（1992）②、王娟和杨凤林（2002）③ 等的研究结果一致。这表明我国房地产上市公司能够发挥非负债税盾的避税作用，可以对债务进行有效替代，在融资决策时，将理性地朝着最佳资本结构方向前进。因此，拥有大量非负债税盾的房地产上市公司比没有税盾的公司更少利用债务。

4. 实际所得税率

实证结果显示，实际所得税率与负债水平的相关性不显著，这与 Kim 和 Sorensen（1986）④、Chen 和 Strange（2006）⑤、张红和朱骏（2006）⑥ 的研究结论一致。这说明由于我国房地产行业的特殊性，使得税收政策在针对房地产行业上存在多样性和不确定性（不同地区、企业经营状况，导致税收优惠和减免待遇各异）。我国房地产上市公司的实际税率实际上并不高，税收的税盾效应并没得到充分发挥，房地产上市公司在融资时对税收考虑得并不多。另一方面，由于国内房地产业在飞速发展的过程中存在一定的偷税漏税现象，也使基于企业财务报表的分析未能达到应有的效果。伴随地方政府不断发展和完善房地产企业税收的征管，税率问题在房地产企业融资决策中的重要性将会得到实质性体现。

5. 盈利能力

实证结果得出盈利能力与资产负债率呈负相关，这与优序融资理论

---

① Harry DeAngelo and Ronald W. Masulis. *Optimal Capital Structure under Corporate and Personal Taxation. Journal of Financial Economics*，1980（8）.

② Gerald R. Jensen，Donald P. Solberg and Thomas S. Zorn. *Simultaneous Determination of Insider Ownership，Debt，and Dividend Policies. Journal of Financial and Quantitative Analysis*，1992（27）.

③ 王娟、杨凤林：《基于现金流的现代资本结构研究的最新进展》，《外国经济与管理》2002 年第 1 期。

④ Wi Saeng Kim. and Eric H. Sorensen. *Evidence on the Impact of the Agency Costs of Debt on Corporate Debt Policy. Journal of Financial and Quantitative Analysis*，1986（21）.

⑤ Chen J. and Strange，R. *The Determinants of Capital Structure：Evidence from Chinese Listed Companies. Economic Change and Restructuring*，2005（38）.

⑥ 张红、朱骏：《我国房地产上市公司资本结构实证研究》，《建筑经济》2006 年第 10 期。

的预测结果相符合，与 Kester（1986）①、Booth（2001）②、陆正飞和辛宇（1998）③、张春和廖冠民（2007）④ 等的研究结论一致。这表明我国房地产上市公司偏好内源融资，在公司有较高的营业利润时，公司会选择多保留利润。同时也显示，如果房地产上市公司处于亏损，其根本不可能再进行股权融资，只有通过进行短期借债来满足其资金的需求，导致负债率增加。另外，盈利能力强的公司一方面能够吸引更多投资者的关注，另一方面则能够顺利地通过管理当局较为严格的股票发行条件的审核，可以轻松地在股票市场中筹集资本，进而可以降低公司的负债水平。

6. 成长性

实证研究结果表明房地产上市公司的成长性即总资产增长率与资产负债率相关性不显著，这与 Titman 和 Wessels（1988）⑤、Supanvanij（2006）⑥、洪锡熙和沈艺峰（2000）⑦ 研究得出的结论一致。这说明，受宏观调控政策等影响，我国房地产上市公司的成长能力还很不稳定，上一章已经表明我国房地产上市公司的绩效经常呈现出"过山车"的变化特征。我国房地产开发公司主要是资源依赖型而非效率型，市场对于房地产企业认可度主要来源于其资源占有程度，有资源就会有投资、借贷，而对于企业成长性方面关注度有限。另外，目前我国许多房地产公司获得银行贷款的条件可能并不是以企业是否具有较好的发展前景、成长性情况为依据，而是取决于良好的银企关系。

---

①　W. Carl Kester. *Capital and Ownership Structure：A Comparison of United States and Japanese Manufacturing Corporations. Financial Management*，1986（15）.

②　Booth L.，Aivazian V. and Demirguc-Kunt A. *Capital Structure in Developing Countries. Journal of Finance*，2001（56）.

③　陆正飞、辛宇：《上市公司资本结构主要影响因素之实证研究》，《会计研究》1998 年第 8 期。

④　张春、廖冠民：《中国上市公司资本结构的决定因素》，中国金融国际年会 2007 年。

⑤　Titman S. and Wessels R. *The Determinants of Capital Structure. Journal of Finance*，1988（43）.

⑥　Supanvanij J. *Capital Structure：Asian firms VS. Multinational Firms in Asia. Journal of American Academy of Business*，2006（10）.

⑦　洪锡熙、沈艺峰：《我国上市公司资本结构影响因素的实证分析》，《厦门大学学报》（哲学社会科学版）2000 年第 3 期。

7. 股权集中度

实证结果表明房地产上市公司的股权集中度与资产负债率负相关，这与 Short（2002）①、肖作平（2005）②、汪强和吴世农（2007）③ 等的研究结论一致。这说明当上市公司股权结构较为分散时，公司的治理结构将出现相对制衡的状态，公司经营者的权力也将会受到抑制，公司的信息也相对更加透明公开，公司的代理成本也较低。由于债务作为治理机制较其他直接干预的成本低，股东偏好于使用债务作为控制代理成本的机制，因此资产负债率上升。

本章小结

在上一章我国房地产上市公司现状分析的基础上，本章从理论和实证的角度分析了我国房地产上市公司资本结构的微观影响因素，通过对2007—2009 年 48 家房地产上市公司的实证研究得到了与国内外许多学者研究相同的结论：资产负债率与公司规模、可抵押资产比例正相关；与非负债税盾、净资产收益率、股权集中度负相关；税收、总资产增长率与资产负债率的关系并不显著。同时，针对以上结论结合我国房地产行业特点进行了分析。

总体而言，通过本章的研究分析了影响房地产上市公司资本结构的微观因素，但近几年国家为了控制房地产市场泡沫出台了一系列宏观调控政策，这些调控政策势必会对房地产上市公司的资本结构产生一定的影响，这种影响本章的研究并未涉及，下面一章将引入宏观调控变量来分析宏观调控对房地产上市公司资本结构的影响。

---

① Short H., Keasey K. and Duxbury, D. *Capital Structure*, *Management Ownership and Large External Shareholder*: *a UK Analysis. International Journal of Business*, 2002（9）.

② 肖作平：《公司治理结构对资本结构类型的影响———一个 Logit 模型》，《管理世界》2005 年第 9 期。

③ 汪强、吴世农：《公司治理是如何影响资本结构的——基于我国上市公司的实证研究》，《经济管理》2007 年第 12 期。

第五章

宏观调控对房地产上市公司
资本结构影响的实证分析

第一节　引言

近几年来，我国房地产市场步入高速发展期，房地产业已成为我国国民经济的支柱产业和新的经济增长点。随着房地产业的快速发展，房地产融资体制也迅速地发育和成长，许多房地产开发企业成为资本市场的一员，通过资本市场筹集资金。但是，我国房地产企业资本结构还不尽合理和完善，这将会制约房地产上市公司的绩效。第三章分析表明，2007—2009 年房地产上市公司平均资产负债率近 60%，银行借款比率 35% 左右，这说明我国房地产上市公司资金来源主要依赖负债融资，房地产上市公司主要的债权人是银行。尽管上市公司可以通过负债的避税效应来增加公司绩效，但是负债由于其有偿性，将会对公司的稳健运营带来潜在危险。当只考虑资本结构这一个因素对公司抗风险能力的影响时，可有这样的观点：如果企业的资产负债率越高，企业抵御风险的能力越差；资产负债率越低，抵御风险的能力越强。当整个行业处于投资过热的阶段或者存在泡沫，同时整个行业面临着高资产负债率，那么由于金融的放大效应，将会推动泡沫的产生及破灭，最终导致整个行业的崩溃，导致整个社会经济全面衰退，美国次贷危机引发全球经济危机就是明显的实例。

随着房地产业的迅速发展，我国大部分城市的房地产市场也出现了过热现象，表现为房价上涨剧烈、房地产的投机性需求日益增长、房地产银行信贷大幅增加等，这些问题深刻影响了广大人民群众的生活以及国家经济的健康运行。为实现房地产市场的科学协调可持续发展，国家出台了多项宏观调控政策，目的是使房地产市场的资源配置趋向合理，增强广大人民群众购房的信心，实现房地产市场的健康发展。宏观调控政策最主要的就是金融调控，提高存款准备金率、加息等金融调控政策将使房地产开发商陷入融资困境，使许多房地产公司的融资变得十分困难，甚至会面临资金链断裂的危险，故房地产企业可能被迫选择成本更高的融资方式。当然，房地产企业也可能被迫进行多种融资创新，拓宽融资渠道，在一定程度上提高金融市场的完全性。

总之，公司的资本结构会影响公司的融资成本、市场价值、治理结构和总体经济的增长与稳定，因此为保证房地产上市公司的正常运营，国家各项宏观调控政策应利用其对房地产公司资本结构的影响，促进其朝着有利方向发展，以保证其健康稳步发展。但宏观调控政策对房地产企业资本结构的影响到底如何、调控的结果如何等目前学者们的研究还较少。

第二节　研究回顾

近年来，国外资本结构研究开始关注外部环境对企业资本结构的影响以及资本结构的动态调整，外部环境可分为金融市场政策监管环境和宏观经济环境两个方面。Hackbarth（2006）等通过建立一个理论模型，研究宏观经济条件对信用风险和企业动态资本结构的影响，得到了上市公司在经济繁荣时更愿意频繁调整资本结构，但调整幅度相对于经济衰退时调整的幅度要小[1]。Wald 和 Long（2007）以美国上市公司为样本研究了金融市场政策法规监管对资本结构的影响，研究发现由于不同的州其红利支付方面的限制不同和反接管法的差异，尽管在不同的州注册的企业面对着相同的金融市场、监管环境及适用同样的破产法、税法，但资本结构仍然有不同的特征表现：在红利支付限制更严格的州注册的公司，其资产负债率更低；在反接管法较多的州注册的公司，资产负债

---

[1]　Hackbarth D., Miao J. and E. Morellec. *Capital Structure*, *Credit Risk and Macroeconomic Conditions*. *Journal of Financial Economics*, 2006（82）.

率并没有更低①。目前，国内学者也开始分析外部环境对上市公司资本结构的影响。李雅珍（2001）研究发现，金融市场利率的高低和长短期融资变化将会影响公司的筹资成本和资本结构。另外，贷款人和信用评级机构的态度，实际上往往也会成为决定财务结构的关键因素②。李朝霞（2003）研究发现：在我国，上市公司的资本结构具有很强的经济转轨时期的特点，制度因素可能会显著影响公司的融资行为③。唐国正和刘力（2005）通过对一个基于公司资本结构选择基础上建立的古典模型进行分析，研究发现我国上市公司的资本结构选择受利率管制导致的利率扭曲影响巨大④。吴联生和岳衡（2006）研究发现如果一个公司以前曾经享受过"先征后返"所得税优惠政策，但现在随着税收优惠的取消其税率也随之提高，由此导致公司的财务杠杆也变大⑤。李礼等（2007）采用调查问卷法对国有企业融资动机是否受经济制度变迁的影响进行分析，得出了国有企业的融资动机与经济政策变革和经济环境变化密切相关，主要体现在资本成本的调整 ⑥。王正位等（2007）认为：资本市场的摩擦程度对我国上市公司资本结构调整的方向和速度影响巨大。但是，由于此研究需要的样本量较大，故外部环境变化和金融市场供给条件的限制对资本结构调整的具体影响到底如何，他也没给出一个明确的解答⑦。

随着我国房地产调控力度的进一步加大，国内许多学者也开始研究宏观调控政策对房地产市场和房地产上市公司的影响。汪洋（2004）

---

① Wald J. and S. Michael. *The Effect of State Law on Capital Structure. Journal of Financial Economics*, 2007 (83).

② 李雅珍：《资本结构理论与企业最佳资本结构的确定》，《数量经济技术经济研究》2001 年第 4 期。

③ 李朝霞：《影响中国上市公司融资结构的主要因素分析》，《数量经济技术经济研究》2003 年第 10 期。

④ 唐国正、刘力：《利率管制对我国上市公司资本结构的影响》，《管理世界》2005 年第 1 期。

⑤ 吴联生、岳衡：《税率调整和资本结构变动——基于我国取消"先征后返"所得税优惠政策的研究》，《管理世界》2006 年第 11 期。

⑥ 李礼、齐寅峰、郭莉：《经济制度变迁对我国国有企业融资动机的影响》，《南开管理评论》2007 年第 1 期。

⑦ 王正位、赵冬青、朱武祥：《资本市场摩擦与资本结构调整——来自中国上市公司的证据》，《金融研究》2007 年第 6 期。

采用事件研究法考察了一系列金融调控政策对房地产业的影响，研究表明在短期内一系列金融调控政策对房地产上市公司产生了平均的显著为负的累计异常回报率，同时房地产上市公司股票的系统风险也显著增大，一系列金融调控政策对房地产上市公司会产生负的股东财富效应①。冯骏等（2005）通过建立一个动态的蛛网模型解析了房地产价格持续走高的原因，并用两个简单的博弈模型说明了宏观金融政策调控房地产市场供给的困难，进而证明在各种利益的驱使下，政府的宏观金融政策对房价调控的效果是相当微弱的②。徐晓军和李佳文（2007）采用中国房地产指数通过 GARCH 模型对北京、上海两大城市的住宅和商铺数据进行回归分析，研究发现：政府对房地产的调控政策对各个市场的影响不同，对住宅市场的影响要大于商铺市场；政府实施的鼓励或调控的政策对各地房地产市场造成的冲击效用也不相同③。赵海艳（2008）基于事件研究法考察了金融调控政策对房地产公司资本结构产生的短期影响，研究发现：加息政策对沪市房地产上市公司的平均资产负债率的负面影响并不显著，在一定程度上存在正相关，而深市房地产上市公司平均资产负债率与加息政策则呈现出明显的负相关关系④。赵冬青和朱武祥（2008）通过加入宏观调控政策哑变量研究了宏观调控对房地产上市公司资本结构的影响及其资本结构调整方式的变化，研究发现：由于宏观调控的存在，房地产上市公司总负债率显著提高；随着宏观调控带来的银行信贷政策的趋紧，房地产企业融资方式出现多元化，新的融资工具得以出现和发展，金融市场的完全性提高；在金融市场不完全和管制环境下，资本结构并不完全是企业自主决策的结果，宏观政策和资本市场供给条件可能是中国企业资本结构最重要的影响因素⑤。魏成龙和张添丁（2009）利用事件研究法分析了房地产宏观调控与地产公司

　　① 汪洋：《房地产金融调控政策事件的经济效应》，华中科技大学硕士学位论文 2004 年。

　　② 冯骏、刘建成、杨明洪：《房价金融调控政策效果评价：理论模型与实证分析》，国际房地产估价学术研讨会论文集 2005 年。

　　③ 徐晓军、李佳文、孟勉：《我国房地产宏观调控政策效应实证分析》，《技术经济》2007 年第 1 期。

　　④ 赵海艳：《金融调控对房地产上市公司资本结构的影响及对策分析》，天津大学硕士学位论文 2008 年。

　　⑤ 赵冬青、朱武祥、王正位：《宏观调控与房地产上市公司资本结构调整》，《金融研究》2008 年第 10 期。

股价波动的相关性，研究发现：在事件窗内，一系列宏观调控政策对房地产上市公司产生了平均显著为负的累计异常回报率，对房地产上市公司产生总体负的股东财富效应，而在 2008 年 9 月之后宏观政策对房地产上市公司股价的影响则相反；房地产公司股价波动受货币政策、土地政策、产业政策等不同政策的影响不同，对货币政策最敏感①。

总之，目前宏观调控政策对房地产影响的研究大多集中于对房地产价格、房地产上市公司股价影响的研究，很少有对公司治理方面影响的研究。另外，宏观调控对房地产上市公司资本结构的实证研究设置的调控虚拟变量也较少，因此也可能会影响到分析的全面性②。虽然有学者开始尝试用在资本市场上经常使用的方法——事件研究法来研究房地产市场③，但事件研究法是在资本资产定价模型基础上形成的方法，研究某个政策事件对上市公司股票价格的影响比较适合。由于房地产上市公司资本结构是不连续的数据，而且也无法像研究股价时来衡量异常报酬率和累积异常报酬率，因此用事件研究法分析宏观调控对资本结构的影响有一定困难，但它的思想我们可以借鉴。鉴于此，本书将借鉴事件研究法的思想建立模型，采用面板回归分析方法对政府的一系列房地产宏观调控政策进行定量分析，力求获得不同的调控政策对房地产上市公司资本结构的影响结果。

第三节 宏观调控对房地产上市公司
资本结构影响的定性分析

一、我国房地产调控政策历程

近几年，我国对房地产市场的宏观调控力度进一步加强，房地产政策频频出台。总的来看，调控政策可以分为以下几类：（1）法律政策

---

① 魏成龙、张添丁：《房地产宏观调控与地产公司股价波动的相关性——基于 A 股市场的实证分析》，《中国工业经济》2009 年第 11 期。
② 赵冬青等人（2008）设置了 POLICY 宏观调控一个哑变量，2004 年（不含）之前取值为 0，之后取值为 1。
③ 前面所述汪洋（2004）、赵海艳（2008）、魏成龙和张添丁（2009）的研究。

及综合性调控政策。主要是指全国人大通过的法律政策、国务院或国务院办公厅下发文件的综合性调控政策。（2）金融政策。主要是指货币政策（如存款准备金率调整和利率调整）和房地产信贷政策。（3）土地政策。主要是指以国务院办公厅、国土资源部名义下发的针对土地的调控政策事件。（4）财税政策。主要是指财政部或税务总局下发的财税政策。（5）产业政策及行业规制政策等。主要是指国家发展和改革委员会下发的鼓励或限制房地产发展的政策事件以及建设部、工商总局等部委下发的关于市场秩序整顿等行业规制政策。

2007年以来，国家的房地产调控政策经历了严格—放松—严格的过程。在2008年9月15日之前，国家先后出台多次加息、严控房地产信贷等政策对房地产市场进行压制。但为应对金融危机的影响，自2008年9月15日起，又出台了降息、免税、下降首付款比例等一系列政策支持房地产业的发展。2009年年底，房地产调控又出现从紧倾向。2007—2009年我国出台的一系列宏观调控政策见表5-1①，从表中知2007—2009年国家先后出台了26项宏观调控政策，其中大部分是金融调控政策，利率、存款准备金率是主要调控工具。

表5-1　　　　　　　　　2007—2009年房地产主要调控政策

时间	主要内容	政策性质
2007年一季度	《物权法》通过	法律政策
	一年期存贷款基准利率上调0.27个百分点	金融政策
2007年二季度	利率及存款准备金率上调	金融政策
2007年三季度	个人住房公积金贷款利率上调，活期存款利率上调	金融政策
	上调金融机构人民币存贷款基准利率	金融政策
	金融机构一年期存贷款基准利率上调0.27个百分点	金融政策
	加强商业性房地产信贷管理	金融政策
2007年四季度	上调存款类金融机构人民币存款准备金率0.5个百分点	金融政策
	加强土地调控，促进土地节约集约利用等	土地调控政策

① 详细内容见附录：表2。

续表

时间	主要内容	政策性质
2008 年一季度	促进节约集约用地	土地调控政策
	上调金融机构人民币存款类准备金率 0.5 个百分点	金融政策
	90 平方米以下所占比重，须达到开发总面积70%以上	行业规制政策
	上调金融机构人民币存款准备金率 0.5 个百分点	金融政策
2008 年二季度	上调金融机构人民币存款准备金率 0.5 个百分点	金融政策
	上调金融机构人民币存款准备金率 0.5 个百分点	金融政策
	商品住宅开发不得超 3 年，土地管理不作为将受严惩	土地政策
	企业为个人购买房屋或其他财产需征收个人所得税	财税政策
2008 年三季度	严格项目贷款管理	金融政策
	下调贷款基准利率 0.27%，下调存款准备金率 0.5%	金融政策
2008 年四季度	下调人民币存贷款基准利率和银行存款准备金率	金融政策
	一系列税收优惠，下降利率及首付比例等	综合调控政策
	下调金融机构人民币存贷款基准利率	金融政策
2009 年一季度	可以申请七折优惠利率	金融政策
2009 年二季度	住房项目的最低资本金比例下调	综合调控政策
2009 年三季度	—	—
2009 年四季度	个人住房转让营业税征免时限由 2 年恢复到 5 年	财税政策
	开发商拿地的首付款比例提高到了五成	综合调控政策

二、定性分析

从整个宏观调控的效果看，宏观调控的调整前后总是会伴随着房地产上市公司资本结构的调整与变化，2007—2009 年 12 个季度样本上市公司资产负债率平均值变动趋势见图 5-1。图 5-1 表明，2007 年第三季度到 2008 年第一季度期间，房地产上市公司的平均资产负债率急剧下降，这主要是由于这段期间房地产调控政策以压制房地产市场过热发展为主，如 2007 年中国人民银行连续 5 次上调存贷款利息，并伴随着存款准备金率的上调等一系列调控政策。包括利率在内的一系列调控政策对房地产公司的融资能力产生了巨大的负面影响，进而导致其资产负债率下降。

而从 2008 年第三季度开始，由于美国次贷危机的影响，全球经济环境恶化，为实现"保8"目标，并鉴于房地产市场发展对我国经济发展巨大推动作用，我国政府开始实行刺激房地产市场发展的调控措施，最明显的是在2008年9月15日中国人民银行宣布"双率"齐降，下调一年期人民币贷款基准利率0.27个百分点，以及下调存款准备金率0.5%，之后还宣布实行房地产贷款的七折优惠利率，这些利率政策执行在最大程度上刺激了房地产市场的发展，使市场需求快速增加。受市场利好影响，房地产公司为了增加供给，必然大幅举债，导致其资产负债率不断上升。但是，资产负债率上升幅度并不是非常显著，这是因为当时融资条件良好，并且市场销售出现前所未有的黄金期，进而虽然举债幅度是前所未有的，但其资产负债率并没有急剧上升。由此可见，利率对资本结构的影响力并不是十分明显，并未起到立竿见影的效果。

　　综上所述，随着国家房地产调控政策的相继出台，尤其是金融调控力度的加大，传统的依靠银行作为主要资金来源的融资方式将受到限制，房地产企业资本结构调整的难度和成本将大大增加，宏观调控对房地产上市公司的资本结构必将产生巨大影响。

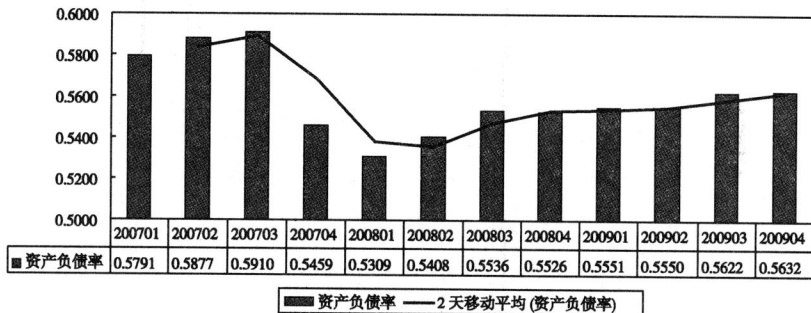

	200701	200702	200703	200704	200801	200802	200803	200804	200901	200902	200903	200904
■资产负债率	0.5791	0.5877	0.5910	0.5459	0.5309	0.5408	0.5536	0.5526	0.5551	0.5550	0.5622	0.5632

■■■资产负债率　——2天移动平均(资产负债率)

图5-1　2007—2009年样本上市公司资产负债率平均值变动趋势

第四节　宏观调控对上市公司资本结构影响的实证分析

一、实证模型

　　事件研究法是国内外在金融研究中运用广泛的方法。在其近百年的发展历史中，不同研究者构建了不同的模型，现在学者们最经常用到的事件研究法的模型为 Fama、Fisher、Jensen 和 Roll 于 1969 年创建的 FFJR 模型，他们通过建立一个包含事件期的市场模型，对股票的回报率和市场回报进行拟合，用残差项来估计异常回报率，以检验股票分割的公告对股价的影响①。但这一模型具有较严格的前提假设，即个体的异常收益率是独立的且服从同样的正态分布。但是随后的研究表明，FFJR 模型的基础假设是不现实的，存在许多潜在的问题。为了克服 FFJR 模型假设的不现实性，Izan（1978）首次把异常回报率写入模型，代替了以往把异常回报率作为市场模型的预测误差的方法②。Izan 将其作为回归方程中的一个 0—1 虚拟变量，同时将样本期间延伸到包含事件期。对于一个证券组合可以使用等权重的组合回报，回归方程如下：

$$R_{it} = \alpha_i + \beta_i R_{mt} + \gamma D_t + \varepsilon_{it} \qquad (5-1)$$

但是，当事件对不同公司的影响方向不一致时，以上方程的检验效力减小。这可以通过分解上述方程形成多变量回归方程模型（Multi-Variate Regression Models，MVRM），此方法是 Gibbons（1982）③ 提出，并被 Binder 和 Thompson（1985）④ 具体应用，具体方程如下：

$$R_{pt} = \alpha_p + \beta_p R_{mt} + \sum_{a=1}^{A} \gamma_{pt} D_{at} + \varepsilon_{pt} \qquad (5-2)$$

其中，R_{pt} 即为在估计期 t 期的等权重组合报酬率，R_{mt} 为市场指数在估计期 t 期的报酬率，γ_{pt} 即为累计异常报酬率的估计值，A 表示多种事件的总次数，D 是一个 0—1 虚拟变量，在事件发生时为 1 否则为 0。

一般来讲，代表股票系统风险的回归系数 β 在事件发生与否被看作是恒定不变的，因此众多学者对 MVRM 模型提出质疑。Ken B. Cyree 和 Ramon P. Degennaro（2000）[193] 对此扩展了一个一般性的侦察异常回报率以及系统风险变化的方法，将基准模型扩展为：

$$R_{it} = \alpha_i + (\beta_i + \beta_i D_{it}) R_{mt} + \varepsilon_{it} \qquad (5-3)$$

---

① E. Fama, L. Fisher, M. C. Jensen and R. Roll. *The Adjustment of Stock Prices to New Information. International Economic Review*, 1969（10）.

② Izan H. *An Empirical Analysis of the Economic Effects of Mandatory Government Audit Requirements. Ph. D. dissertation*, The University of Chicago, 1978.

③ Michael R. Gibbons. *Multivariate Tests of Financial Models：A New Approach. Journal of Financial Economics*, 1982（10）.

④ John J. Binder. *On the Use of the Multivariate Regression Model in Event Studies. Journal of Accounting Research*, 1985（23）.

式（5－3）说明证券的系统风险系数增加 $\beta_i D_{it}$，因此在事件发生时 β_i 就可以用来衡量证券 i 系统风险的改变量。

综合以上分析，本书在式（5－2）和式（5－3）的基础上加以改进，以用来分析宏观调控政策对房地产上市公司资本结构的影响。第四章分析表明上市公司的规模（SIZE）、可抵押资产比例（TANG）、净资产收益率（ROE）、股权集中度（H_5）对房地产上市公司资本结构影响较大，因此在分析中分别以它们乘以变动系数代表上市公司自身因素引起的资本结构的变动量，构建模型如下：

$$LV_{it} = \beta_0 + \beta_1 SIZE_{it} + \beta_2 TANG_{it} + \beta_3 ROE_{it} + \beta_4 H_{5it} + \sum_{a=1}^{A} \gamma_a \times D_a + \mu_{it}$$

$$(5-4)$$

其中：LV_{it} 分别为第 i 家房地产上市公司在第 t 期的资产负债率；β_1、β_2、β_3、β_4 分别为代表影响 N 家房地产上司资本结构的其他因素（除宏观调控政策外）的变动系数；$\gamma_1, \gamma_2, \cdots, \gamma_A$ 分别为 N 家上市公司对不同的调控政策（虚拟变量）资本结构的变动系数，A 为不同的调控政策（虚拟变量）个数；D_a 为虚拟变量，在第 a 个调控政策发生时为 1，否则为 0；$i = 1, 2, \cdots, N$ 代表第 i 个截面单位，即样本公司；$t = 1, 2, \cdots, T$ 代表第 t 个时间序列观测值；μ_{it} 代表随机误差。

二、样本选择及变量设计

表 5－1 已经描述了从 2007 年 1 月到 2009 年 12 月末的区间内所有政府对房地产行业的宏观调控政策措施，因此，本书研究的政策区间为 2007—2009 年。样本公司选取和第四章的一致，即选取房地产上市公司 48 家，其中深市 26 家，沪市 22 家。表 5－1 表明宏观调控政策出台比较密集，再加上房地产上市公司资本结构数据公布的最短时间间隔为季度，因此本书选取房地产上市公司的季度数据进行实证研究，在 2007—2009 年每个公司有 12 个数据，因此数据样本数总共为 576 个，剔除未公布季度数据的样本，实际样本数目为 567 个。模型中资产负债率（LV）、公司规模（SIZE）、可抵押资产比例（TANG）、净资产收益率（ROE）、股权集中度（H_5）变量定义和第四章的定义一致，各变量数据来源于锐思金融研究数据库和各上市公司季报。

为了研究宏观调控政策对我国房地产上市公司资本结构的影响，本书设定四个虚拟变量作为宏观调控政策的代表：

（1）虚拟变量 D_1。我国政府经常运用宏观政策调节房地产市场，因此设定虚拟变量 D_1 表示有无房地产调控政策，$D_1 = 1$ 表示存在宏观调控政策，$D_1 = 0$ 表示不存在宏观调控政策。

（2）虚拟变量 D_2。前面分析表明我国政府在运用宏观政策调控房地产市场时，主要运用金融政策（存贷款利率和准备金利率调整等）对房地产市场进行调控，因此设定虚拟变量 D_2 表示有无金融宏观调控政策，$D_2 = 1$ 表示存在金融调控政策，$D_2 = 0$ 表示不存在金融调控政策。

（3）虚拟变量 D_3。除金融调控政策外，政府还运用一系列非金融政策（土地调控和财税政策等）对房地产市场进行调控，因此设定虚拟变量 D_3 分别表示有无非金融宏观调控政策，$D_3 = 1$ 时表示存在非金融调控政策，$D_3 = 0$ 时表示不存在非金融调控政策。

（4）虚拟变量 D_4。在房地产市场过热时，我国政府可能实施相应的压制政策便于控制房地产市场的发展；而在经济发展并不如预期时，我国政府又会利用不同的政策来刺激房地产市场的发展。因此，本书还设定虚拟变量 D_4 表示有无刺激房地产政策出台，$D_4 = 1$ 时表示存在刺激房地产市场发展的政策；$D_4 = 0$ 时表示不存在刺激房地产市场发展的政策。

三、实证分析及结论

由于存在虚拟变量，虚拟变量可能在固定效应模型中产生共线性问题，因此固定效应模型不适合本章分析[①]。另外，回归分析和随机效应模型分析变量符号完全相同，但回归分析的 R_2 大于随机效应模型，因此在此处选取面板回归进行分析。利用 Eviews 软件对式（5 - 4）进行面板回归分析，分析时为了考察每一项调控政策对资本结构的影响，先分别对每一个虚拟变量进行回归分析，然后将四个虚拟变量全部加入模型进行回归分析，面板回归结果见表 5 - 2、表 5 - 3、表 5 - 4、表 5 -

---

① Ken B. Cyree and Ramon P. DeGennaro. *A Generalized Method for Detecting Abnormal Returns and Changes in Systematic Risk. Review of Quantitative Finance and Accounting*，2002（19）.

5、表 5 - 6。回归分析表明 D_1、D_2、D_3 宏观调控虚拟变量对资本结构影响显著，同时，公司规模、可抵押资产比例、净资产收益率、股权集中度对资产负债率的影响也一直没有变化，与第四章的分析结果一致。

表 5 - 2　　　　　包含虚拟变量 D_1 的面板回归分析结果

Variable	Coefficient	Std. Error	t-Statistic	Prob.
C	- 0. 090747	0. 040816	- 2. 223325	0. 0266
SIZE	0. 019812	0. 001872	10. 58591	0. 0000
TANG	0. 417294	0. 026614	15. 67955	0. 0000
ROE	- 0. 139330	0. 105572	- 2. 348776	0. 0242
H_5	- 0. 155152	0. 016582	- 9. 356446	0. 0000
D_1	- 0. 023817	0. 004793	- 4. 969272	0. 0000
R-squared	0. 197403	Mean dependent var		0. 549847
Adjusted R-squared	0. 190250	S. D. dependent var		0. 184440
S. E. of regression	0. 165971	Akaike info criterion		- 0. 743488
Sum squared resid	15. 45342	Schwarz criterion		- 0. 697558
Log likelihood	216. 7787	F-statistic		27. 59625
Durbin-Watson stat	0. 345668	Prob（F-statistic）		0. 000000

表 5 - 3　　　　　包含虚拟变量 D_2 的面板回归分析结果

Variable	Coefficient	Std. Error	t-Statistic	Prob.
C	- 0. 090537	0. 043400	- 2. 086122	0. 0374
SIZE	0. 019476	0. 001876	10. 37891	0. 0000
TANG	0. 416632	0. 026275	15. 85676	0. 0000
ROE	- 0. 142560	0. 096021	- 2. 477779	0. 0162
H_5	- 0. 156136	0. 016228	- 9. 621576	0. 0000
D_2	- 0. 021291	0. 006388	- 3. 332805	0. 0009
R-squared	0. 199087	Mean dependent var		0. 549847
Adjusted R-squared	0. 191948	S. D. dependent var		0. 184440
S. E. of regression	0. 165796	Akaike info criterion		- 0. 745587
Sum squared resid	15. 42101	Schwarz criterion		- 0. 699657
Log likelihood	217. 3739	F-statistic		27. 89006
Durbin-Watson stat	0. 343337	Prob（F-statistic）		0. 000000

表 5 - 4　　　　　　　包含虚拟变量 D_3 的面板回归分析结果

Variable	Coefficient	Std. Error	t-Statistic	Prob.
C	- 0. 100083	0. 041405	- 2. 417171	0. 0160
SIZE	0. 019669	0. 001836	10. 71243	0. 0000
TANG	0. 416322	0. 026718	15. 58202	0. 0000
ROE	- 0. 159110	0. 105521	- 3. 654111	0. 0005
H_5	- 0. 154954	0. 016640	- 9. 312115	0. 0000
D_3	- 0. 013200	0. 006854	- 1. 925940	0. 0546
R-squared	0. 197082	Mean dependent var		0. 549847
Adjusted R-squared	0. 189926	S. D. dependent var		0. 184440
S. E. of regression	0. 166004	Akaike info criterion		- 0. 743087
Sum squared resid	15. 45962	Schwarz criterion		- 0. 697157
Log likelihood	216. 6652	F-statistic		27. 54027
Durbin-Watson stat	0. 341021	Prob（F-statistic）		0. 000000

表 5 - 5　　　　　　　包含虚拟变量 D_4 的面板回归分析结果

Variable	Coefficient	Std. Error	t-Statistic	Prob.
C	- 0. 113127	0. 040427	- 2. 798326	0. 0053
SIZE	0. 019863	0. 001846	10. 75756	0. 0000
TANG	0. 417109	0. 026659	15. 64632	0. 0000
ROE	- 0. 146160	0. 102510	- 2. 017009	0. 0442
H_5	- 0. 154226	0. 016798	- 9. 181372	0. 0000
D_4	0. 004081	0. 007319	- 0. 557586	0. 5773
R-squared	0. 196230	Mean dependent var		0. 549847
Adjusted R-squared	0. 189067	S. D. dependent var		0. 184440
S. E. of regression	0. 166092	Akaike info criterion		- 0. 742027
Sum squared resid	15. 47601	Schwarz criterion		- 0. 696097
Log likelihood	216. 3647	F-statistic		27. 39222
Durbin-Watson stat	0. 342141	Prob（F-statistic）		0. 000000

表 5 - 6　　包含虚拟变量 D_1、D_2、D_3 和 D_4 的面板回归分析结果

Variable	Coefficient	Std. Error	t-Statistic	Prob.
C	- 0.083418	0.040745	- 2.047333	0.0411
SIZE	0.019495	0.001866	10.45018	0.0000
TANG	0.416851	0.026310	15.84354	0.0000
ROE	- 0.141744	0.095947	- 2.703242	0.0132
H_5	- 0.156245	0.016303	- 9.583775	0.0000
D_1	- 0.008694	0.019473	2.702764	0.0073
D_2	- 0.018848	0.008152	- 2.312025	0.0211
D_3	- 0.000737	0.011140	- 0.066168	0.9473
D_4	0.002894	0.004704	- 0.615153	0.5387
R-squared	0.199328	Mean dependent var		0.549847
Adjusted R-squared	0.187849	S. D. dependent var		0.184440
S. E. of regression	0.166216	Akaike info criterion		- 0.735306
Sum squared resid	15.41637	Schwarz criterion		- 0.666411
Log likelihood	217.4593	F-statistic		17.36429
Durbin-Watson stat	0.343875	Prob（F-statistic）		0.000000

实证分析具体结论如下：

（1）宏观调控对我国房地产上市公司的资本结构具有显著负向的影响。根据回归结果可知，D_1 的系数为负，说明当政府对房地产市场开始调控时，房地产上市公司短期借款比重会下降，资本结构会有所改善。另外，在宏观调控趋紧的情况下，房地产企业被迫进行多种融资创新，拓宽融资渠道。再者，政府也应该逐渐地放松外部的融资限制和约束，积极促进金融市场的进一步发展。随着金融市场完全性程度的提高，市场上金融产品供给持续增加，可供房地产上市公司选择的融资工具也逐渐丰富，融资方式也出现多元化。因此，从某种程度上讲宏观调控政策的发布在促进房地产业健康发展的同时，也对改善房地产上市公司的资本结构起到了积极作用。

（2）利率调控政策对房地产上市公司的资本结构存在十分显著的负向影响。根据回归结果可知，D_2 的系数为负，这说明利率或存款准备金率调控政策会降低房地产上市公司的资产负债率。原因可能在于当我国政府实施房地产利率调控政策时，会迅速冻结大量的银行资金，进而会影响到房地产上市公司的资本结构。为了获得更多的流动性，房地产公司可以选择的方式有两种：一是降低房地产价格，迅速回笼资金，减少负债；二是对外借款。但此时外部融资条件极为苛刻，这种苛刻的融资条件使得房地产公司负债相对减少。

（3）非利率调控政策对房地产上市公司的资本结构具有较为显著的负向影响。根据回归结果可知，D_3 的系数为负，这说明当我国政府利用土地调控、财税政策及一些行政命令式的调控政策对房地产市场进行干预时，会降低房地产上市公司的资产负债率。原因在于与利率或存款准备金率政策相比，这些政策对房地产上市公司影响的力度更大、更直接，如限购令的实施将会使房地产上市公司的资金流直接受到影响，企业融资将变得更加困难。在这种大环境下，由于企业经营风险增大，融资成本也随之上升，借款将变得更加困难，故资产负债率随之下降。总的来说，如果国家非利率调整政策使用过多，由于资产负债率的下降造成负债的税盾作用很难得到充分发挥，房地产上市公司的经营绩效将受到巨大影响。

（4）刺激性房地产调控政策对资本结构有正向影响，但并不显著。一方面，当存在刺激房地产发展的政策时，房地产公司会迅速融资以加快企业发展，导致其资产负债率过高；另一方面，当存在压制房地产市场的政策时，房地产公司又会尽量缩减投资，以维持其流动性，使资产负债率降低。但是我国房地产调控政策具有较大的突然性及转折性，当调控方向发生转变时，房地产上市公司出于保持经营连续性的考虑很难迅速地对其资本结构作出调整。图 5 - 1 也表明，2008 年第三季度国家出台一系列刺激房地产市场发展的政策后，上市公司的资产负债率并未明显上升。

（5）政府应重点选择利率调控等市场性调控政策对房地产市场进行调控。表 5 - 6 表明，在综合各项调控政策进行回归后，只有 D_1、D_2 影响显著，这说明在实施利率等市场调控政策时再利用综合性的调控政策（如限购令等）对房地产市场进行干预时，对房地产上市公司的资本结构影响会减弱。因此，政府在对房地产市场进行调控时应以市场调控政策为主，行政调控政策为辅，注重调控政策的连续性，才能保证房地产市场的正常运行和健康发展。

本章小结

在上一章对房地产上市公司资本结构微观影响因素进行实证分析的基础上，本章引入宏观调控虚拟变量，分析了宏观调控对房地产上市公司资本结构的影响，得出以下结论：宏观调控对我国房地产上市公司的资本结构具有显著负向的影响；利率调控政策对房地产上市公司的资本结构存在十分显著的负向影响；非利率调控政策对房地产上市公司的资本结构具有较为显著的负向影响；刺激性房地产调控政策对资本结构有正向影响，但并不显著；政府应重点选择利率调控等市场性调控政策对房地产市场进行调控。

本章分析表明，宏观调控政策确实能够显著改变房地产上市公司的资本结构。但是随着房地产公司经营实力的增强，再加上金融市场完全性程度的改善以及居民购房的刚性需求和民众需求心理的改变，宏观调控政策对房地产上市公司的资本结构的影响力开始趋于减弱。

第六章

基于 EVA 的我国房地产
上市公司绩效评价

第一节　EVA 基本理论概述及研究回顾

一、EVA 理论的学术渊源

一般来说，经济增加值 EVA（Economic Value Added，EVA）理论主要源于经济学对于企业管理中经济利润的认识。早在 19 世纪末，马歇尔（1890）就指出应当在净利润基础上减掉投入资本以现行利率计算的利息，以获得实际意义上的利润——"从利润中减去其资本按照当前利率计算的利息之后所剩余的部分可被称为企业所有者的营业和管理盈余"①。马歇尔对经济利润的认识，是对古典经济学判断微观经济主体经济行为标准的总结，即经济活动是否创造收益应与其策略选择的机会成本（资本的利息）相比较，只有企业创造了超出正常利润的部分，实现了资本的增值才可以认为经济利润是大于零的。但是马歇尔只是提出了一个抽象的概念，指出了经济利润与会计利润之间的差异，建立了判断企业创造价值与否的标准，但是这并不是可以直接操作的概念，因此，在较长的一段时间内，缺少必要财务计量方法的经济利润并没有获得现实应用。

20 世纪 60 年代之后，计量经济学和企业管理理论的成熟促使了 EVA 理论的形成：默顿·米勒和弗兰科·莫迪利亚尼提出了公司价值模型，奠定了现代企业价值评估理论的基础；威廉·夏普和约翰·林特

---

① Alfred Marshall. *Principles of Economics*, *MacMill&Co.*, 1890.

在马科维茨现代资产组合理论的基础上，进一步提出了资本资产定价模型（CAPM），提供了风险的测度与资本成本的计量方法；爱德华兹和贝尔提出了剩余收益模型（RIM），对公司价值与会计变量之间的关系进行分析，将企业的净利润减去股东所要求的资本回报，以反映公司股票的内在价值。剩余收益模型已经提出了资本的机会成本计算方法，通过税后净经营利润、资本总额等会计项目的调整，更灵活地满足股东对企业价值创造的判断，实际上已经建立了 EVA 理论的基本雏形和内核。

EVA 理论的成熟化并作为一种系统的管理工具应用于企业实践，得益于现代金融市场和企业制度的发展。现代公司制企业组织形式的发展提出了所有权与经营权分离的代理问题，而这一问题的解决直接关系到企业组织形式和生存竞争能力，法马和詹森（1983）指出，"当提出和贯彻重要决策的决策经营者并不是主要的剩余要求者，因而也不承担其决策的财富效应的主要份额时，决策程序中的代理控制问题就十分重要"[1]。代理成本的存在意味着股东的利益与代理人的经济决策存在分歧，而企业能在多大程度上顾及股东的利益是股东进行投资优先考虑的问题；换言之，传统的会计利润不足以反映股东的利益要求，存在会计失真，需要从股东的角度审视企业的经营活动以及激励机制设计问题。1982 年，美国思腾思特咨询公司把经济利润的概念与企业财务管理相结合，建立了 EVA 的管理模式，使 EVA 方法在财务策略和资本负债结构方面得到了运用。经过近 20 年不遗余力地推广，EVA 在众多企业中得以应用，市场和投资者也认可了这一企业价值评价体系，并逐渐成为基本的分析工具[2]。当然，EVA 理论的成熟化不仅表现在当期企业经营业绩等短期指标的反映上，更主要地表现为对于企业长期发展的分析，能够鼓励经营者进行能给企业带来长远人力资源的培养等，杜绝公司经营者短期行为的发生。再者，通过 EVA 的应用可以建立有效的激励报酬系统，这种系统通过将经营业绩与 EVA 挂钩，能够正确引导经营者的努力方向，使经营者更加关注公司资本增值和长期的经济利益。

---

① 陈郁：《所有权、控制权与激励：代理经济学文选》，上海人民出版社 2006 年版。
② 我国在对央企负责人经营业绩考核时已使用经济增加值进行考核（见国资委第 22 号令）。

二、EVA 理论的内涵

一般来说，EVA 是指企业税后净经营利润（NOPAT）扣除资本成本（COC）后的资本收益。EVA 基本理念可阐释为：一个企业只有在其资本收益超过为获取该收益所投入资本的全部成本时才能为企业的股东带来价值。简单地说，EVA 等于税后经营利润减去所使用的资金成本（包括债务和股权成本）后的余额。EVA 理论的内涵包括以下几个方面[①]：

首先，EVA 的基本理念意味着其计算需要对现有的会计准则进行一些调整。一方面，从经济利润的角度出发，EVA 需要对账面的企业税后净经营利润和资本成本进行调整，以尽可能地将企业资本负债的账面价值调整为实际经济价值；另一方面，EVA 的会计调整并没有给出具体的衡量标准，换言之，对于账面的调整只是在理念上逼近经济利润概念，而不是说彻底地消除了会计系统的计算偏差，这也使得对于 EVA 的指标设计表现出极大的灵活性和针对性。从某种程度上讲，EVA 的发展源自会计准则对企业信息披露的缺陷，同时 EVA 本身也受制于会计准则的发展程度和处理能力。

其次，EVA 涵盖了包括股权成本在内的全部资本成本，这将使得公司业绩的衡量更加全面真实。对于现代公司组织来说，需要充分考虑股东的投资选择，即投资行为至少要获取其选择的机会成本。因此，EVA 的计算需要考虑整个市场的资本收益情况，企业不再作为一个孤立的主体进行价值评估，而是作为整个资本流动过程的一部分，从更宏观角度评价企业经营业绩。

再次，EVA 将价值增值目标与企业管理相结合，从内部结构的角度审视企业绩效。尽管 EVA 强调股东权益的视角，但是作为企业组织构成来讲，以 EVA 作为绩效评估标准意味着鼓励企业实行一种价值管理，即通过在政策制定、流程规划、方法和度量等各方面创造更多的价值，激励企业经营者在管理和战略实施方面与价值创造或者股东收益最大化

---

① 邹志明：《商业银行风险管理与价值创造——经济资本与 EVA 研究》，厦门大学博士学位论文 2007 年。

保持一致。应该说，EVA 所确立的是一种管理目标，而这一激励在竞争的资本市场环境中将会发挥较大的效用。

最后，EVA 最终实现的是企业的经营者、普通员工和股东利益的一致，即消除利益分歧造成的代理成本。AI. 埃巴认为："EVA 模式取得成功的关键就在于它将 EVA 的改善与员工绩效挂钩，建立一种独特的奖励制度，激发管理人员和员工的想象力和创造性。"① EVA 具有传统的激励机制不具有的四大优点：一是激励标准更加客观，与企业价值目标的相关性增强；二是避免了企业内部的讨价还价，节余了博弈成本；三是使得企业的管理者、员工与股东的利益一致，减少了企业内部存在的多重目标，简化为单一目标的结果是减少了代理成本；四是有助于实现企业增长从规模导向到价值导向的转变，规模导向的经营战略单纯注重销售额或市场份额，注重总资产和总产出，在竞争状态下的规模导向经营战略会导致低水平的价格战和较低的单位资本价值增加，而价值导向经营战略意味着转向对企业价值创造过程的关注。因此，EVA 的激励机制为企业的公司治理起到非常积极的作用，它是一个独特的薪酬激励制度中的关键变量。

三、EVA 与公司绩效国内外研究回顾

国内外关于 EVA 的研究，主要集中在 EVA 是否比一般业绩评价指标含有更多的信息含量方面，而且研究也证明了 EVA 确实在研究公司绩效时比传统财务指标评价具有更大的优越性。Stewart（1991）出版的著作《价值的寻求》展示了作为公司业绩测量方法的 EVA 有用性的观点，认为 EVA 比其他财务业绩测量方法能更接近企业的真实经济利润，EVA 和 MVA② 之间存在强烈的相关性③。Drucker（1994）在《哈佛商业评论》中认为 "EVA 屡受欢迎是因为它反映了总体因素的生产率计量的信息时代需求"④。O'Byrne（1996）支持 EVA 增加信息含量的观

---

① AI. 埃巴：《经济增加值——如何为股东创造财富》，中信出版社 2001 年版。
② MVA（市场增加值），为总市值与总资本之间的差额，等于所有未来 EVA 的现值。其中，总市值是负债的账面价值和权益的市值之和，总资本是负债的账面价值和权益的账面价值之和。
③ G. Bennett Stewart. *The Quest for Value. HarperBusiness*，1991.
④ Drucker P. *The Theory Of The Business. Harvard Business Review*，1994（5）.

点，他用 1985—1993 年期间的美国公司为研究样本，解释了市场价值/投资资本和 EVA/WACC（Weighted Average Cost of Capital，加权平均资本成本）、自由现金流量/投资资本和 NOPAT/投资资本之间的关系，研究结果表明 EVA 比经营利润能更好地解释公司价值和绩效①。Rajan（1999）对美国 1998 年的电力行业上市公司进行考察，发现标准 EVA、标准净收益、净资产利润率、总资产收益率、每股收益、标准自由现金流量等与标准 MVA 之间，标准 EVA 的价值解释能力最强②。国内对这方面的研究集中在 2002 年以后，吴世农和陈卫刚（2002）同时运用线性和非线性模型检验了经济增加值的信息有用性，发现 EVA 比经营性现金流量和剩余收入的信息含量更丰富③。瞿绍发和王建伟（2003）研究发现 EVA 指标在分析股票投资价值的能力时要远远好于传统会计指标，而且 EVA 与 MVA 存在很强的相关性④。王喜刚等（2003）对 EVA 和传统会计指标对公司价值解释力做了实证比较，研究结果表明在解释公司价值的变动方面，EVA 变量在会计指标的基础上增加了 30.8% 的解释力，说明 EVA 在传统会计指标的基础上，增加了重要的信息价值⑤。毛道维和刘俊（2005）基于中国西部中小上市公司 1998—2003 年的面板数据，对 EVA 与资本结构的关系进行了实证研究。结果表明资本结构的形成与主营业务定位、投资倾向和方式、财务杠杆选择等战略性行为密切相关，而且 EVA 确实对资本结构产生了显著性滞后影响⑥。李洪等（2006）以沪市 454 家 A 股上市公司为样本进行分析，得出 EVA 指标衡量公司业绩与传统财务指标具有一致性⑦。李刚和林萍

---

① Stephen F. *EVA and Market Value. Journal of Applied Corporate Finance*, 1996 (9).

② S. R. Rajan. *Turning Capital to Wealth: a Ranking of US Utilities. Public Utilities Fortnightly*, 1999 (137).

③ 吴世农、陈卫刚:《EVA 业绩评价指标有用性的实证研究》，中国第二届实证会计国际研讨会论文 2002 年。

④ 瞿绍发、王建伟:《经济附加值（EVA）指标在中国股市的应用价值分析》，《系统工程》2003 年第 6 期。

⑤ 王喜刚、赵丽萍:《EVA 在企业项目投资决策中的应用》，《吉林大学学报: 工学版》2003 年第 2 期。

⑥ 毛道维、刘俊:《战略性 EVA 因素对资本结构的影响——基于中国中西部中小上市公司的实证研究》，《经济理论与经济管理》2005 年第 10 期。

⑦ 李洪、张德明、曹秀英:《EVA 绩效评价指标有效性的实证研究——基于 454 家沪市上市公司 2004 年度的数据》，《中国软科学》2006 年第 10 期。

（2008）选取沪、深两市的 762 家上市公司 2001—2006 年的数据为原始样本，发现公司内部治理结构的变量与 EVA 之间存在着一定的相关性，从而为改善公司内部治理结构能够提升股东价值找到了实证的依据[①]。当然也有研究发现 EVA 指标与每股收益、净资产收益率等传统财务指标相比并不能提供含量丰富的信息内容，如刘力和宋志毅（1999）选取 1993 年以前在上海证券交易所上市的 30 家公司为研究样本，财务数据为 1994—1996 年，实证分析发现 EVA 比净资产收益率更有价值解释力[②]。郭家虎和崔文娟（2004）在研究了 EVA 以及经营现金流量和净利润对用 MVA 表示的企业价值的解释程度，其结果表明 EVA 对企业价值的解释并没有超过传统财务指标[③]。

第二节　EVA 的计量

一、EVA 的计算公式

根据 EVA 的创立者美国纽约 Stern Stewart 咨询公司的解释及定义，EVA 的计算公式如下：

$$EVA = NOPAT - COC \qquad (6-1)$$

其中 NOPAT 为税后净经营利润，COC（资本成本）则等于公司的加权平均资本成本（WACC）与全部投入资本（TC，包括债务资本和权益资本）的乘积。因此，公式可以改写为：

$$EVA = NOPAT - WACC \times TC \qquad (6-2)$$

公式（6-2）中各变量集体含义解释如下：

（1）NOPAT 表示税后净经营利润，等于企业营业收入减去除融资成本以外的全部经营费用和成本，它需要经过资产负债表进行调整。一般来说，税后净经营利润 NOPAT = 营业收入 - 成本费用 - 所得税。因此，它

---

① 李刚、林萍：《公司内部治理结构与 EVA 相关性的实证研究》，《北京工商大学学报：社会科学版》2008 年第 3 期。

② 刘力、宋志毅：《衡量企业经营业绩的新方法：经济增加值（REVA）与修正的经济增加值（REVA）指标》，《会计研究》1999 年第 1 期。

③ 郭家虎、崔文娟：《EVA 对企业价值的解释度：比较研究》，《当代财经》2004 年第 5 期。

实际上是全部资本的税后投资收益，反映了公司资产的盈利能力。

（2）WACC 表示加权平均资本成本，相当于投资者在同等风险程度下投资于其他领域所要求的收益率，等于公司资本结构中资本各个组成部分的以市场价值为权重的加权平均成本，一般来说，包括单位债务资本成本率和单位股权资本成本率两个方面。其中，单位债务资本成本率的计算公式为：税后单位债务资本成本率 = 税前单位债务资本成本率 ×（1 – 所得税率）；单位股权资本成本率一般主要指普通股单位股权资本成本率，普通股单位资本成本率 = 无风险收益率 + β × 市场组合的风险溢价，其中 β 指该公司股票相对于整个市场的系统风险。

（3）TC 表示投入资本总额，即投资者投入企业的全部资金的账面价值，包括权益资本和债务资本，一般来说，资本总额为企业所有筹措资金的总额，但不包括短期免息负债，如，应付账款、应付工资、应付税款等，即资本总额等于股东投入的股本总额、所有的计息负债（包括长期负债和短期负债）以及其他长期负债总和。在实际计算中既可以采用年初与年末资本总额的平均值，也可以采用年初的资本总额。

二、EVA 的调整

根据 EVA 的相关研究，要精确计算经济增加值必须要对各种准备金、递延税、营业外收支、利息支出、在建工程、研发费用和商誉等项目进行会计调整。下面根据 Stern Stewart 的理论体系对税后净营业利润和资本占用所涉及的调整原理及其调整方法做分别说明。

1. 税后净经营利润（NOPAT）的调整

在计算税后净营业利润时，应对会计净利润进行相应的调整。以下是对会计净利润的主要调整项目：

（1）反映债务成本的利息支出不应作为期间费用扣除。付息债务有关的利息支出属于资本成本的一部分，应从 NOPAT 的计算中剔除，统一在资本成本中核算。调整方法：将付息债务的利息支出从 NOPAT 的计算中剔除，同时对所得税进行调整。

（2）营业外收支不反映主营业绩，应当扣除。营业外收支具有偶发性和边缘性，不反映正常经营业绩，应当剔除在经济增加值和税后净营业利润核算之外。调整方法：将当期发生的营业外收支从 NOPAT 中扣除，并资本化处理。

（3）会计准备不反映真实损失，不予扣除。坏账准备、存货跌价准备、固定资产减值准备等资产减值损失并非企业当期资产的实际减少，而管理人员掌握的现金基础下的资产才应是计算资金成本的全部。调整方法：EVA 在 NOPAT 计算时，把会计准备冲回，即按实际发生金额计入相应的会计期间，计算资本时按账面值计入资本，即提取会计准备前的数值。

（4）递延税款不反映实际税务支出，不应当扣除。递延税项是由于税前会计利润的确定和应纳税所得的确认之间的差异造成的。由于计算税前会计利润时所采取的折旧方法和计算应税所得时采取的折旧方法不同，其后果是高估或低估公司的资产，高估或低估公司的税后净利润。因此在计算 EVA 时，对递延税项的调整是将递延税项的贷方或借方余额从资本总额中加入或扣除，将递延税项的本期变化额加回到税后净利润中。

在进行调整之后，可以得到：

税后净经营利润 = 净利润 + 少数股东损益 + 财务费用 + 递延税款贷方余额增加（减减少）+ 递延税款借方余额减少（减增加）+ 本期减值准备及准备金增加（减减少）+ 营业外支出 – 营业外收入。

2. 投入资本（TC）的调整

企业的所有投入资本应包括所有当期投入企业的正常业务经营、生产经营所用的资本。所涉及的调整原理及方法如下：

（1）在建工程未结转收益前得不到反映，不作资本占用，应当扣除。在建工程不产生收益，因此对其计资本成本会导致此项资本成本无相关的收益相匹配。调整方法是从资产总额中扣除在建工程，不作为当期资本占用。

（2）无息流动负债

无息流动负债不担负资本占用费用，管理层要管理的是净营运资产，即流动资产减除无息流动负债。调整方法：将无息流动负债从资本总额中减除。

（3）会计准备及递延税款的摊销原理同前述 NOPAT 的调整原理，对应的调整方法是将会计准备、递延税款贷项余额加入到投入资本中。

根据以上对投入资本的调整，可得

调整后投入资本＝资产总额－无息流动负债－在建工程＋会计准备＋递延税款贷项（减借项）

根据对投入资本会计调整的原理分析，在实际计算过程中，还可利用筹资来源法计算投入资本。筹资来源法具体计算过程表示如下：

调整后投入资本＝普通股权益＋递延税款贷方余额（减借方余额）＋减值准备及坏账准备＋短期借款＋长期借款＋一年内到期长期借款－在建工程

第三节　EVA 在我国房地产上市公司中的实证研究

本章实证分析样本的选取和第四章保持一致，即选取 48 家在沪深上市的 A 股房地产公司，时间跨度为 2007—2009 年。

一、房地产上市公司 EVA 计算公式的确定

国内利用 EVA 对我国房地产上市公司进行 EVA 分析的研究并不多，在此结合上面对 EVA 调整的分析建立房地产上市公司 EVA 计算公式：

$$EVA = NOPAT - WACC \times TC$$

公式中每个指标具体定义如下。

1. 税后净经营利润（NOPAT）

税后净经营利润＝息前税后利润＋各种减值准备金余额的增加＋（营业外支出－营业外收入）×（1－T）＋递延所得税负债余额的增加－递延所得税资产余额的增加，其中 T＝净利润／（净利润＋所得税）×100%，为实际所得税率。

2. 投入资本总额（TC）

投入资本总额＝股东权益＋减值准备金＋递延所得税贷方余额（递延所得税负债－递延所得税资产）＋短期借款＋长期借款＋一年内到期的非流动负债＋应付债券－在建工程－可供出售的金融资产，在计算 EVA 时本书采用年初与年末投入资本总额的平均值。

3. 加权资本成本（WACC）

（1）债务资本与权益资本比例

债务资本比例 = （短期借款 + 长期借款 + 应付债券 + 一年内到期的非流动负债）/投入资本总额；权益资本比例 = 1 - 债务资本比例。

（2）税后实际债务成本

税后实际债务成本 = （短期借款比例 × 短期借款资金成本 + 长期借款比例 × 长期借款资金成本） × （1 - T），其中短期借款比例 = 短期借款/债务资本，长期借款比例 = 1 - 短期借款比例，T 为实际所得税率。另外，短期借款资金成本按一年期银行贷款利率计算，长期借款资金成本按五年期人民币贷款基准利率计算①。

（3）权益资本成本

此处选用资本资产定价模型确定权益资本成本。资本资产定价模型公式为：

$$R = R_f + \beta \times (R_m - R_f) \qquad (6-3)$$

其中 R 为权益资本成本，R_f 为无风险利率，β 为贝塔系数，R_m 为市场的平均收益率，$(R_m - R_f)$ 为风险溢价。

无风险利率选用五年期的定期存款利率，β 系数来源于锐思金融数据库。对于风险溢价，Aswath 和 Damodaran 所著《价值评估》一书中认为我国资本市场的风险报酬率约为 6.28%②，本书分析选用此数据。

由以上分析可以得到加权资本成本（WACC） = 债务资本比例 × 税后实际债务成本 + 权益资本比例 × 权益资本成本

二、深圳万科 2007—2009 年经济增加值计算示例

上文已建立房地产上市公司 EVA 的计算公式，下面以深圳万科为例，详细说明 EVA 的具体计算过程，如表 6-1、表 6-2、表 6-3、表 6-4、表 6-5、表 6-6 所示。

---

① 数据来源于中国人民银行网站，如遇利率调整，以本年度第一次公布的利率为基准，下面权益资本成本无风险利率确定时同本解释。

② Aswath Damodaran. *Investment Valuation*：*Tools and Techniques for Determining the Value of Any Asset. John Wiley & Sons Inc.*，2001.

1. 计算税后净经营利润

表 6 - 1　　深圳万科 2007—2009 年税后净经营利润 NOPAT 计算表　　　　单位：元

序号	指标	2007	2008	2009
1	净利润	5317500817.82	4639869152.73	6430007538.69
2	所得税	2324104867.51	1682416473.30	2187420269.40
3	利息支出	1369266319.66	2459226300.94	2174111157.91
4	息税前利润 = 1 + 2 + 3	9010872004.99	8781511926.97	10791538966.00
5	实际所得税率 = 2/（1 + 2）	0.3041	0.2661	0.2538
6	息前税后利润 = 4 - 4 × 5	6270320823.78	6444673447.93	8052249284.91
7	各种准备金的增加	- 137616214.85	1265882065.29	- 603037079.02
8	营业外支出	42749614.64	99959075.74	138333776.7
9	营业外收入	31457800.24	57455149.7	70678786.74
10	递延所得税负债余额增加	99888078.41	- 123206682.93	- 65333462.58
11	递延所得税资产余额增加	370525410.4	845423213.3	- 183831154.9
	税后净营业利润 = 6 + 7 + 8 - 8 × 5 - 9 + 9 × 5 + 10 - 11	5869924818.23	6773118870.05	7618191562.18

2. 计算投入资本总额

表 6 - 2　　　深圳万科 2007—2009 年投入资本总额 TC 计算表　　　　单位：元

序号	指标	2007	2008	2009
1	股东权益合计	33919523029.04	38818549481.20	45408512454.07
2	递延所得税贷方余额	386947191.27	- 581682704.93	- 463185012.64
3	减值准备金	126135098.05	1392017163.34	788980084.32
4	短期借款	1104850000.00	4601968333.32	1188256111.11
5	长期借款	16362079840.21	9174120094.83	17502798297.11
6	一年内到期的非流动负债	7488676903.65	13264374576.45	7440414366.78
7	应付债券	0.00	5768015997.01	5793735805.14
8	在建工程	271270240.23	188587022.90	593208234.13
9	可供出售的金融资产	488844114.16	167417894.55	163629472.66
	投入资本总额 = 1 + 2 + 3 + 4 + 5 + 6 + 7 - 8 - 9	58628097707.83	72081358023.77	76902674399.10
	期末期初平均资本总额	44934300319.01	65354727865.80	74492016211.44

说明：2006 年末投入资本总额为 31240502930.18 元。

3. 计算债务资本、权益资本比例和税后实际债务成本

表 6 – 3   深圳万科 **2007—2009** 年债务资本、权益资本比例和

税后实际债务成本计算表

序号	指标	2007	2008	2009
1	短期借款	1104850000. 00	4601968333. 32	1188256111. 11
2	长期借款	16362079840. 21	9174120094. 83	17502798297. 11
3	一年内到期的非流动负债	7488676903. 65	13264374576. 45	7440414366. 78
4	应付债券	0. 00	5768015997. 01	5793735805. 14
5	债务资本 = 1 + 2 + 3 + 4	24955606743. 86	32808479001. 61	31925204580. 14
6	资本总额	58628097707. 83	72081358023. 77	76902674399. 10
7	债务比例 = 5/6	0. 4257	0. 4552	0. 4151
8	权益资本 = 6 − 5	33672490963. 97	39272879022. 16	44977469818. 96
9	权益比例 = 8/6	0. 5743	0. 5448	0. 5849
10	短期借款比例 = 1/5	0. 0443	0. 1403	0. 0372
11	一年期银行贷款利率	0. 0639	0. 0720	0. 0531
12	长期借款比例 = (2 + 3 + 4) /5	0. 9557	0. 8597	0. 9628
13	五年期银行贷款利率	0. 0675	0. 0756	0. 0576
14	债务成本 = 10 × 11 + 12 × 13	0. 0673	0. 0751	0. 0574
15	实际所得税率	0. 3041	0. 2661	0. 2538
	税后实际债务成本 = 14 − 14 × 15	0. 0469	0. 0551	0. 0429

4. 计算权益资本成本

表 6 – 4   深圳万科 2007—2009 年权益资本成本计算表

序号		2007	2008	2009
1	五年期银行存款利率	0. 0441	0. 0558	0. 0360
2	贝塔系数	0. 9413	0. 9570	0. 9487
3	市场风险溢价	0. 0628	0. 0628	0. 0628
	股权资本成本 = 1 + 2 × 3	0. 1032	0. 1159	0. 0956

5. 计算加权平均资本成本

表 6 – 5　　深圳万科 2007—2009 年加权平均资本成本 WACC 计算表

序号	指标	2007	2008	2009
1	债务比例	0.4257	0.4552	0.4151
2	税后实际债务成本	0.0469	0.0551	0.0429
3	权益比例	0.5743	0.5448	0.5849
4	股权资本成本	0.1032	0.1159	0.0956
	加权平均资本成本 = 1 × 2 + 3 × 4	0.0792	0.0882	0.0737

6. 计算 EVA

表 6 – 6　　　　深圳万科 2007—2009 年 EVA 值结果　　　　　单位：元

序号	指标	2007	2008	2009
1	税后净营业利润	5869924818.23	6773118870.05	7618191562.18
2	投入资本总额（平均）	44934300319.01	65354727865.80	74492016211.44
3	加权平均资本成本	0.0792	0.0882	0.0737
	EVA	2309956578.03	1006780716.23	2128837825.41

三、我国房地产上市公司 2007—2009 年 EVA 计算结果分析

根据上面建立的房地产上市公司 EVA 计算公式，按照万科 EVA 的计算过程计算出 48 家房地产上市公司的 EVA 值。由于 EVA 为绝对值，基于不同资产规模的 EVA 绝对值可比性不强，因此引用相对指标 EVA 回报率（REVA）来评价房地产上市公司创造价值能力的差异，EVA 回报率定义如下：REVA = EVA/投入资本总额。由 EVA、REVA 计算结果可发现①：

1. 许多房地产上市公司创造的经济利润为负值

EVA 计算结果表明，2007、2008、2009 年 EVA 为正的仅有 30 家、11 家、20 家，分别占样本总数的 62.5%、22.9%、41.7%。而 2007、

_____

① 48 家房地产上市公司的 EVA、REVA 值见附录：表 3、表 4。

2009 年 48 家样本的净资产收益率全部为正，2008 年有 45 家为正，远远大于 EVA 为正的家数，说明多家房地产上市公司并未真正创造财富。

2. EVA 呈先下降后上升的变化趋势

总体来看，大多数房地产上市公司的 EVA 值呈现先降后升的态势，这反映了 2008 年宏观调控对房地产上市公司影响巨大，房地产公司的效益受调控影响绩效出现下滑。2008 年下半年为应对金融危机政府出台刺激房地产发展的政策后，房地产上市公司 2009 年绩效明显好转。

3. 从 EVA 绝对值看，万科、陆家嘴、金地集团、中华企业、外高桥等房企都处在前列，这符合我国房地产行业发展实际。由于这些企业都是规模比较大的房企，上市也比较早，无论是其发展策略、人才战略、融资能力，都领先于其他公司，因此效益也比较好。

4. EVA 值变化和 REVA 值变化不同

结果表明，EVA 值较大的样本其 REVA 值不一定随之正向变动，如样本中 EVA 均值最大的是万科，但在 REVA 值中仅排在第 5 位。同时，还可以看出样本公司 2007—2009 年 3 年中 EVA 值排名和 REVA 值排名变化巨大，如 2007 年 EVA 前 10 名中到 2008 年、2009 年只有 4 家公司进入前十，这说明房地产上市公司绩效波动剧烈，而且公司绩效参差不齐。

本章小结

本章在回顾 EVA 理论的基础上对我国房地产上市公司 2007—2009 年的 EVA 值进行了计算，结果发现尽管传统财务指标表明我国房地产上市公司绩效较好，但从 EVA 指标上来看经营绩效则表现一般，大多数房地产上市公司并未真正为股东创造财富。分析结果也说明传统财务指标在绩效评价时，在某种程度上可能存在失真和扭曲，而 EVA 指标在计算过程中，充分考虑了股权资本成本和投资风险，因此更能真实、准确反映房地产上市公司经营绩效。

第七章

房地产上市公司资本结构对公司绩效影响的实证研究

前面的研究表明，公司资本结构对于公司绩效的影响主要体现在公司通过股权结构和负债结构对公司治理效率产生影响进而影响公司绩效。股权结构是公司治理的基础，它决定着公司所有权和控制权的分配关系，影响着公司外部治理机制的运作和公司内部治理机制的构成，并通过内外部治理机制对整个公司治理效率发生作用从而影响公司绩效。相对于股权融资，负债以其严格的合同条款、特殊的支付方式和治理方式从税收、破产成本、不对称信息、代理成本和合同成本等方面影响公司价值及绩效。再者，不同期限的负债具有不同的监督、激励和控制效应，从而对公司价值及绩效产生不同影响。另外，不同债务类型或不同债权人由于受到信息成本和代理成本的影响，必然会影响到公司价值及绩效。本章将在前面研究的基础上选取代表房地产上市公司股权结构、债务结构的变量对资本结构如何影响公司经营绩效这一问题做出理论和实证的分析，并基于分析的结果结合房地产市场发展实际来说明我国房地产上市公司资本结构对经营绩效的影响关系。

第一节 样本选取及变量设计

1. 样本的选取

本章样本选取和第四章、第六章的保持一致，即选取 2007—2009 年 48 家房地产上市公司作为研究总体，有效样本数目为 144 个。

2. 变量的设计

（1）被解释变量

结合第六章对上市公司的 EVA 计算结果，选取 EVA 回报率（RE-

VA）用来表示公司经营绩效，作为研究的被解释变量。

（2）解释变量

股权结构变量，包括股权集中度和股权属性两方面。本章分析选取第一大股东持股比例（CR_1）[①] 和股权制衡度 Z（第一大股东持股比例与第二大股东持股比例的比值）作为衡量股权集中度的指标，选取国有股比例（SSP = 国有股/总股本）、法人股比例（LSP = 法人股/总股本）作为衡量股权属性的指标。

债务结构变量，结合第一章对债务结构的分析选取资产负债率 LV、流动负债比率 SLV、银行借款比率 BLV（上市公司短期借款、长期借款之和与总负债的比值）作为衡量债务结构的指标[②]。

（3）控制变量

公司的股权结构只是影响公司绩效的一个重要因素，一些其他的变量也对公司的绩效影响巨大。第四章分析已经指出公司规模对公司资本结构有显著影响，同时公司规模的大小也可能影响公司治理效率，不同的公司规模对公司绩效会有影响是显而易见的，因此本章选取公司规模（SIZE = 总资产的自然对数）作为控制变量。

（4）虚拟变量

在第三章的分析中我们已经知道宏观调控政策对房地产上市公司的经营绩效有着直接的影响，因此本书在分析资本结构对公司绩效影响时加入宏观调控虚拟变量。前面分析表明，2007 年国家对房地产市场调控以压制为主，2008 年开始出台刺激房地产发展的政策，即 2008 年是国家宏观调控政策的转折年，因此选择 2008 年作为房地产宏观调控的分水岭。2008 年之前（不含 2008 年）宏观调控虚拟变量（POLICY）取值为 0，之后取值为 1。

---

① 第三章分析表明我国房地产上市公司第一大股东占比较大，而且 H_1、H_5 的平均值相差不大，因此本章分析用 CR_1 表示股权集中度。

② 第三章分析表明国内房地产业上市公司的非流动负债率较低，而且非流动负债率和流动负债为互补关系，故本章分析未选取非流动负债率此变量。

第二节　股权结构影响公司绩效的实证分析

一、理论分析与研究假设

1. 股权集中度与公司绩效

基于委托代理关系，委托人享有所有权，代理人享有经营权，委托人和代理人的目标函数通常是不一致的。利润最大化或股东价值最大化是委托人的目标，但是代理人可以通过自己所掌握的信息优势来对委托人造成损害，阻碍其目标的实现，因此委托人有必要对代理人实施监督。然而由于存在"监督成本"和"搭便车"问题，如果公司股权过于分散，势必会影响公司的经营绩效，因此股权相对集中将对公司的经营产生利好。原因是大股东有能力进行监控，也愿意进行监控，而且能够保证获得足够的监控回报，同时还部分地解决了小股东"免费搭车"的难题。因而，股份相对集中有助于股东权益的增值。

从上述角度分析，股权集中度较高的公司，其经营绩效应好于股权分散的公司。但是过高的集中度又会使大股东的行为难以受到其他股东的制约，使大股东可能会做出有利于大股东自身利益而不利于上市公司的行为，并可能导致对中小股东利益的侵害。因此，股权的集中度存在一个适度问题，要想在最大程度上降低委托—代理关系下的效率损失，就必须使所有股东适度地行使权力，即适度安排股权集中度。

第三章统计分析表明，我国房地产上市公司的股权集中度（CR_1）都相对较高，说明我国房地产上市公司的控制决策权掌握在大股东手里，这种股权相对集中的现状有利于公司绩效的提高。但是，从 Z 指数来看，数值比较高，说明股权集中度并未到最佳状态。根据上述分析，提出以下假设：

假设 1：第一大股东持股比例（CR_1）与公司绩效（REVA）间呈正相关关系。

假设 2：Z 指数与公司绩效（REVA）之间呈负相关关系。

2. 股权属性与公司绩效

国有股从产权性质上来讲属于国家，即理论上归全体人民共同所有，国家代行所有者的职能，但实际上却存在着"所有者缺位"问题。各级政府和主管部门是国有资产的产权主体，企业的控制权由企业经营者拥有，企业经营者手中的经营控制权实际上是国家的授权，这种授权既没有通过市场原则充分解决经营权的独立性，从而给予企业产权激励，也没有解决所有权对经营权的最终控制问题。国家资产（国有股）的"所有者缺位"的直接后果是所有者（委托人）对经营者（代理人）的监督软化，治理主体虚拟化，企业的主管部门并不直接分享企业经营利润，没有监督经营者的激励，公司内部治理机制失效，公司绩效得不到提高[①]。

　　法人股的产权关系明晰、投资主体明确，持股股东进行股权投资的动机在于获得投资收益、跨行业经营以及实现规模经济等，这类股东一般不会具有投机性动机，而更倾向于从事长期投资。在国有股股东缺位严重、流通股股东又难以参与企业管理的情形下，法人股股东可能成为事实上的经营者或内部人。因此，法人股股东对公司具有积极的监管动机，对公司治理具有较强影响力，这些会对公司绩效产生积极的作用。法人股持股主体本身是生产经营者，具有从事生产经营的经验，了解市场状况，同时其对外投资往往是跟其自身的发展战略相关。总的来说，法人投资股东的这一行为特征，与其投资目的紧密相关。由于法人投资是实现其自身生产经营战略的一种重要手段，故法人投资者的持股具有较强的稳定性，它们具有更大的积极性参与公司治理从而提升公司绩效。

　　第三章统计分析表明，我国房地产上市公司国有股比例小于法人股比例，而且下降的速度也快于法人股比例下降的速度，这说明我国房地产上市公司已经开始注意到国有股比例过高给企业带来经营绩效的影响。根据上述分析，提出以下假设：

　　假设3：国有股比例（SSP）与公司绩效（REVA）之间呈负相关关系。

　　假设4：法人股比例（LSP）与公司绩效（REVA）之间呈正相关

---

　　① 刘汉民、刘锦：《资本结构、公司治理与国企改革——"资本结构与公司治理研讨会"综述》，《经济研究》2001年第10期。

关系。

3. 公司规模与公司绩效

传统经济学理论认为大部分公司都存在规模效应，即在一定范围内公司的规模扩张有利于规模经济的产生。房地产企业属于资金密集型企业，如果一个公司规模越大，政府和银行就会给予它更多的支持，它获得外部资金也相对容易，同时投资机会和投资项目就多，这都会造成公司经营绩效的提升。权衡理论也认为，公司规模越大，直接破产成本与价值比率越低，相应抵御风险能力越强，从而表现为市场价值较高。根据上述分析，提出以下假设：

假设5：公司规模（SIZE）与公司绩效（REVA）之间呈正相关关系。

4. 宏观调控与公司绩效

第三章分析表明，尽管自2007年以来，我国房地产上市公司总体盈利水平持续增加，但增长速度却经历了"过山车"的变化，造成这种情况的主要原因是宏观调控政策影响。2007年，为减轻金融危机带来的影响，国家放宽了房地产调控，市值随之高涨，房地产上市公司经营绩效提高。但2008年，宏观调控力度开始加强，国家先后出台提高存款准备金率、加息等一系列调控房地产的政策，房地产市场开始趋冷，绩效下滑。根据上述分析，提出以下假设：

假设6：宏观调控（POLICY）与公司绩效（REVA）之间呈负相关关系。

二、实证分析及结果解释

本书主要从股权集中度、股权属性两个方面来考察我国房地产上市公司股权结构与经营绩效之间的关系，根据前面介绍的面板数据理论，分别建立公司绩效与股权集中度、股权属性变量的面板回归模型如下（包含控制变量及虚拟变量）：

$$REVA_{it} = \alpha_{it} + \beta_{it}CR_{it} + \gamma_{it}Z_{it} + \lambda_{it}SIZE_{it} + \delta_{it}POLICY_{it} +$$
$$\mu_{it}(i = 1,2,\cdots,N; t = 1,2,\cdots,T) \qquad (7-1)$$

$$REVA_{it} = \alpha_{it} + \beta_{it}SSP_{it} + \gamma_{it}LSP_{it} + \lambda_{it}SIZE_{it} + \delta_{it}POLICY_{it} +$$
$$\mu_{it}(i = 1,2,\cdots,N; t = 1,2,\cdots,T) \qquad (7-2)$$

式中 α_{it} 为截矩项，β_{it}，γ_{it}，λ_{it}，δ_{it} 为参数向量，N 为截面单位总数，T 是时期总数。随机扰动项 μ_{it} 相互独立，且满足零均值、同方差。

和第四章分析一致，由于选取的样本时间区间仅为 3 年，小于变量个数，无法适用变参数模型，因此本书仍采用变截距模型进行实证分析。

1. 股权集中度对公司绩效的影响

利用 Eviews5.0 软件，运用最小二乘法对方程（7-1）进行了面板回归，结果见表 7-1①。回归结果表明：（1）第一大股东持股比例与公司绩效之间存在正相关的关系，这与假设 1 相符，这说明上市公司适度的股权集中度有利于公司治理结构的改善，有利于公司治理绩效的提升。我国房地产上市公司由于有绝对控股的大股东的存在，因为大股东更具有长期专注特性，更加重视公司长期发展和战略决策，而且更有能力对公司管理层施加足够的控制以实现自身利益，从而使得公司绩效明显好于股权分散的公司。（2）股权制衡度与公司绩效之间存在负相关的关系，这与假设 2 相符，即第一大股东与第二股东持股差距越大，则公司绩效越差。这说明如果公司的股权分布过于集中，所有股权都集中于一个股东手中，则势必形成"一股独大"的现象。股权的高度集中为大股东滥用管理权力提供了温床，其他股东参与公司经营的能力并未得到充分发挥，因此股权的高度集中对公司绩效有负面影响。但从回归系数来看，对绩效的影响比较小。（3）公司规模与公司绩效之间存在正相关的关系，这与假设 5 相符，从前边章节分析中可以看出，规模大的房地产公司 ROE、EVA 值明显领先于规模较小的上市公司。（4）宏观调控与公司绩效之间存在负相关的关系，这与假设 6 相符，这符合我国房地产业发展实际。随着一系列房地产调控政策的出台，房地产上市公司市值明显缩水，盈利能力明显下滑。

表 7-1　　　　　　　　　　　面板回归分析结果

Variable	Coefficient	Std. Error	t-Statistic	Prob.
C	-0.277816	0.066861	-4.155149	0.0001

①　采取面板回归的原因同第五章的解释，以下同。

续表

Variable	Coefficient	Std. Error	t – Statistic	Prob.
CR_1	0.066191	0.020786	3.184350	0.0018
Z	– 0.000104	4.88E – 05	– 2.120241	0.0358
SIZE	0.028285	0.006911	4.092732	0.0001
POLICY	– 0.042240	0.007263	– 5.816110	0.0000
R-squared	0.300051	Mean dependent var	– 0.010262	
Adjusted R-squared	0.279909	S. D. dependent var	0.047881	
S. E. of regression	0.040631	Akaike info criterion	– 3.534449	
Sum squared resid	0.229476	Schwarz criterion	– 3.431330	
Log likelihood	259.4803	F-statistic	14.89648	
Durbin-Watson stat	1.738485	Prob（F-statistic）	0.000000	

2. 股权属性对公司绩效的影响

利用 Eviews5.0 软件，运用最小二乘法对方程（7 - 2）进行了面板回归，结果见表 7 - 2。回归结果表明：（1）国有股比例与公司绩效之间相关关系不显著，这与假设 3 并不相符，这说明一方面国家股比例过高会对公司绩效产生负面影响，但房地产上市公司如果国家股过多可能会使公司在取得土地、获得银行贷款等方面获得一些便利，近几年许多央企参与房地产开发就证明了这一点，因此国家股比例过高也可能会提高公司绩效。再者，总体来看，我国房地产上市公司国家股比例占比很低，而且在逐年下降，对公司绩效的影响也在减弱。（2）法人股比例与公司绩效之间存在正相关的关系，这与假设 4 相符，说明我国房地产上市公司法人股股东对公司经营者监督的积极性和监控效率都较高，而且他们更关注公司的中长期经营发展状况，因此其对公司绩效的正面效应大于负面效应。（3）和前面的分析一样，公司规模仍然与公司绩效之间存在正相关的关系，宏观调控与公司绩效之间存在负相关的关系。

表 7 - 2　　　　　　　　　　**面板回归分析结果**

Variable	Coefficient	Std. Error	t – Statistic	Prob.
C	– 0.303691	0.068745	– 4.417658	0.0000

Variable	Coefficient	Std. Error	t – Statistic	Prob.
SSP	– 3. 69E – 05	0. 000161	– 0. 228658	0. 8195
LSP	0. 000414	0. 000188	2. 203520	0. 0292
SIZE	0. 032475	0. 007079	4. 587796	0. 0000
POLICY	– 0. 040928	0. 007594	– 5. 389539	0. 0000
R-squared	0. 273980	Mean dependent var	– 0. 010262	
Adjusted R-squared	0. 253087	S. D. dependent var	0. 047881	
S. E. of regression	0. 041381	Akaike info criterion	– 3. 497878	
Sum squared resid	0. 238023	Schwarz criterion	– 3. 394759	
Log likelihood	256. 8472	F-statistic	13. 11367	
Durbin-Watson stat	1. 665884	Prob（F-statistic）	0. 000000	

第三节　债务结构影响公司绩效的实证分析

一、理论分析与研究假设

1. 负债与公司绩效

Modigliani 和 Miller（1963）将 MM 模型扩展到考虑公司所得税的情形下，得出的结论与无税收的 MM 模型刚好相反，即负债会因避税作用而增加公司的价值，因此，公司负债率越高价值越大，也就是说，较高的财务杠杆比率可以提高公司绩效①。平衡理论认为，由于代理成本和税收成本的存在导致适度地提高负债比例可以提高公司的绩效，财务杠杆比率与绩效之间存在着正相关的关系。然而，优序融资理论却给出了完全相反的观点，该理论认为当公司内部的留利不足以弥补公司投资的资金缺口时，负债将随着投资规模的扩大而不断增加，即财务杠杆比率和绩效之间负相关。以上分析表明，主流理论对负债与绩效的关系没给出一致的预测，实证研究的结果同样如此。在第四章的分析中曾经得出房地产上市公司的资本结构和盈利能力负相关的结论，综合上述分析提

---

① Modigliani F. and Miller M. H. *Corporate Incomes Taxes and the Cost of Capital：A Correction. American Economics Review*，1963（53）.

出以下假设：

假设7：资产负债率（LV）与公司绩效（REVA）之间呈负相关关系。

2. 债务期限结构与公司绩效

已有研究发现期限不同的负债对公司绩效的影响也不一样。由于不同期限的负债影响公司绩效的机制和渠道不同，故长期负债和短期负债对公司绩效有不同的效果。对于短期负债，由于监督控制得比较严格，因此股东从事风险项目投资的行为就受到抑制，因此也能够降低资产的替代效应和代理成本，这也会使公司绩效得以提高①。长期负债一般需要较高的利率，但是它具有很高的节税效应，可以通过避税效应对公司绩效产生影响。委托代理理论认为短期负债可以更好地防止过度投资问题和投资不足问题，有助于减少所有权与控制权分离带来的委托代理矛盾；另外，短期负债的一大特点就是监督控制效应非常强，对管理者有更为严格的约束。信息理论则持有这样的观点：短期负债向市场发送了公司质量好和成长前景好的信号，因此会使公司绩效得到改善。根据上述分析，提出以下假设：

假设8：流动负债比率（SLV）与公司绩效（REVA）之间呈正相关关系。

3. 债务所有者结构与公司绩效

与公司公开发行的债券相比，银行贷款监督控制管理者的能力要强不少，具体表现在两个方面：其一，银行在监督债务合同方面有比较成本优势，另外银行还有规模经济优势，尤其是在收集公司的经营信息方面。其二，银行在修改合同方面有相对优势。由于公司债券的债权人相当分散，公司与他们修改合同时会面临很高的交易成本。但是当与银行合作时，其信息成本和交易成本都很低。另外，债权融资都会存在逆向选择问题。由于银行负债具有很强的监督能力，因此此问题可以得到有效规避。再者，银行负债还可以降低与道德风险有关的代理成本。一方面，银行强有力的监督控制能力可以减少负债融资中的资产替代行为，

---

① Flannery M. J. *A symmetric Information and Risky Debt Maturity Choice. Journal of Finance*, 1986（41）.

缓解投资不足问题；另一方面，银行可以通过滚动贷款的方式为公司提供短期贷款，能够有效地监督公司的经营决策和投资决策，在一定程度上缓解了与负债有关的两个道德问题①。根据上述分析，提出以下假设：

假设9：银行借款比率（BLV）与公司绩效（REVA）之间呈正相关关系。

二、实证分析及结果解释

由于上述变量之间有较强的相关性，因此分别建立公司绩效与资产负债率、流动负债比率、短期借款比率的面板回归模型如下（包含控制变量及虚拟变量）：

$$REVA_{it} = \alpha_{it} + \beta_{it}LV_{it} + \lambda_{it}SIZE_{it} + \delta_{it}POLICY_{it} +$$
$$\mu_{it}(i = 1,2,\cdots,N;t = 1,2,\cdots,T) \quad (7-3)$$

$$REVA_{it} = \alpha_{it} + \beta_{it}SLV_{it} + \lambda_{it}SIZE_{it} + \delta_{it}POLICY_{it} +$$
$$\mu_{it}(i = 1,2,\cdots,N;t = 1,2,\cdots,T) \quad (7-4)$$

$$REVA_{it} = \alpha_{it} + \beta_{it}LB_{it} + \lambda_{it}SIZE_{it} + \delta_{it}POLICY_{it} +$$
$$\mu_{it}(i = 1,2,\cdots,N;t = 1,2,\cdots,T) \quad (7-5)$$

式中 α_{it} 为截矩项，β_{it}，λ_{it}，δ_{it} 为参数向量，N 为截面单位总数，T 是时期总数。随机扰动项 μ_{it} 相互独立，且满足零均值、同方差。

和上面分析一致，仍采用变截距模型进行实证分析。

1. 资产负债率对公司绩效的影响

利用 Eviews5.0 软件，运用最小二乘法对方程（7-3）进行了面板回归，结果见表 7-3。回归结果表明资产负债率与公司绩效负相关，这与假设 7 相符，符合优序融资理论的解释。从我国房地产上市公司发展实际来看，经营绩效好的企业一般规模较大，盈利能力也较好，产生内部所需资金能力强，内部留存收益较高，相对应的可以通过内部融资再股权融资的顺序筹资，因此其资产负债率也相应较低。再者，我国房地产企业近几年资产负债率一直较高，均值在 60% 左右，根据权衡理论，当资产负债率特别高，超过一定程度时，企业将面临较大的破产压

---

① Masulis. *The Impact of Capital Structure Change on Firm Value：Some Estimates. Journal of Finance*，1983（38）.

力，这时候债权人就会要求企业承担更高的债务融资成本，这势必会造成企业的经营状况进一步恶化。另外，国家金融政策的调控力度进一步加大，使得贷款成本迅速增加，这都不利于公司绩效提高。

表7-3　　　　　　　　　　面板回归分析结果

Variable	Coefficient	Std. Error	t-Statistic	Prob.
C	-0.252957	0.067576	-3.743315	0.0003
LV	-0.068487	0.025865	-2.647851	0.0090
SIZE	0.023982	0.007318	3.277349	0.0013
POLICY	-0.043814	0.007344	-5.965873	0.0000
R-squared	0.277952	Mean dependent var		-0.010262
Adjusted R-squared	0.262479	S. D. dependent var		0.047881
S. E. of regression	0.041120	Akaike info criterion		-3.517253
Sum squared resid	0.236721	Schwarz criterion		-3.434758
Log likelihood	257.2422	F-statistic		17.96428
Durbin-Watson stat	1.765730	Prob（F-statistic）		0.000000

2. 流动负债比率对公司绩效的影响

利用 Eviews5.0 软件，运用最小二乘法对方程（7-4）进行了面板回归，结果见表7-4。回归结果表明流动负债比率与公司绩效相关关系并不明显，这与假设8并不相符。原因在于：一方面由于我国房地产上市公司喜欢采用短期负债的方式获得开发资金，即公司的大部分负债都为短期借款。由于短期负债更具有激励和约束机制，能有效地避免经营者过度盲目投资，因此会提高公司绩效。再者，由于房地产项目开发时间一般不会太长，短期借款由于遵循债务存续期与项目的生命周期相匹配的原则，将使得债权融资成本不会过高，因此会改善公司绩效；同时，我国房地产上市公司短期负债的比例过大（超过70%）[①]，表明我国房地产上市公司的资产负债结构不尽合理，这种不合理可能会导致两

---

① 见第三章的分析。

种后果：一是短期负债对长期负债的替代；二是公司业务发展所需的长期资金必然以股权融资为主。过分地股权扩张，容易造成每股收益的稀释，因此会降低公司绩效。

表7-4　　　　　　　　　　　面板回归分析结果

Variable	Coefficient	Std. Error	t - Statistic	Prob.
C	- 0. 316602	0. 072045	- 4. 394486	0. 0000
SLV	0. 036183	0. 019686	1. 838030	0. 0682
SIZE	0. 031864	0. 007118	4. 476770	0. 0000
POLICY	- 0. 042644	0. 007432	- 5. 738124	0. 0000
R-squared	0. 259657	Mean dependent var		- 0. 010262
Adjusted R-squared	0. 243793	S. D. dependent var		0. 047881
S. E. of regression	0. 041638	Akaike info criterion		- 3. 492232
Sum squared resid	0. 242719	Schwarz criterion		- 3. 409737
Log likelihood	255. 4407	F-statistic		16. 36720
Durbin-Watson stat	1. 672537	Prob（F-statistic）		0. 000000

3. 银行借款比率对公司绩效的影响

利用 Eviews5. 0 软件，运用最小二乘法对方程（7 - 5）进行了面板回归，结果见表7 - 5。回归结果表明银行借款比率与公司绩效呈负相关关系，这与假设9并不相符，其原因在于我国房地产上市公司的融资渠道比较狭窄，房地产上市公司的有息负债占负债比重较大，大部分资金都来自银行的贷款。在我国，由于国有商业银行是房地产企业的主要资金提供者，房地产上市公司在一定程度上受到政府的干预，两者之间的债权债务关系比较模糊。由于存在这种虚拟的债权债务关系，债务对公司的治理效应就不能充分地发挥，导致银行不能有效监督公司决策。再者，当房地产企业经营恶化而无力偿还贷款时，国有商业银行通常采用贷款展期，也就是说，用新贷款偿还旧贷款。这样做的结果是企业就不受到破产的威胁，随着企业负债的增多，企业会把资金投向更有风险的投资，使得企业绩效下降。

表 7 - 4 面板回归分析结果

Variable	Coefficient	Std. Error	t – Statistic	Prob.
C	- 0. 261668	0. 067054	- 3. 902356	0. 0001
BLV	- 0. 049605	0. 017563	- 2. 824451	0. 0054
SIZE	0. 031098	0. 006945	4. 477766	0. 0000
POLICY	- 0. 044966	0. 007347	- 6. 119987	0. 0000
R-squared	0. 282667	Mean dependent var		- 0. 010262
Adjusted R-squared	0. 267296	S. D. dependent var		0. 047881
S. E. of regression	0. 040986	Akaike info criterion		- 3. 523805
Sum squared resid	0. 235175	Schwarz criterion		- 3. 441310
Log likelihood	257. 7140	F-statistic		18. 38915
Durbin-Watson stat	1. 639365	Prob （F-statistic）		0. 000000

4. 公司规模及宏观调控对公司绩效的影响

由表 7 - 3、表 7 - 4、表 7 - 5 可以看出，公司规模对绩效的影响始终为正，宏观调控对公司绩效的影响始终为负，与前面的分析结论保持一致。

本章小结

本章应用第六章计算出房地产上市公司的 REVA 结果作为衡量房地产上市公司的绩效指标，通过建立面板数据模型对房地产上市公司股权结构及债务结构与公司绩效的关系进行了实证分析，同时为了分析公司规模和房地产宏观调控对公司绩效的影响，在实证分析中还加入公司规模控制变量和宏观调控虚拟变量，得出如下结论：（1）第一大股东持股比例与公司绩效之间呈正相关关系，Z 指数与公司绩效之间呈负相关关系，国有股比例与公司绩效之间相关关系不显著，法人股比例与公司绩效之间呈正相关关系。（2）资产负债率与公司绩效之间呈负相关关系，流动负债比率与公司绩效之间相关关系不明显，银行借款比率与公司绩效之间呈负相关关系。（3）公司规模与公司绩效之间呈正相关关系，宏观调控与公司绩效之间呈负相关关系。

实证分析结果表明我国房地产上市公司目前的股权结构确实能够在

公司治理中发挥一定的积极作用，有利于提高公司绩效，但并未达到最佳状态，主要是"一股独大"现象严重。与经典资本结构理论的预期不同，我国房地产上市公司的债务融资并未提高公司绩效，债务融资在公司治理中的作用并不突出，房地产上市公司具有债权融资软约束的特征。分析其原因可能是房地产上市公司债务融资渠道相对单一，国有商业银行虽然是主要的债权人，但在公司治理中表现得又不够积极。另外，我国企业债券发展还相对滞后，一般只有政府类的融资平台才有可能发行企业债，实体企业发债还相当困难，企业债券融资的治理功能未能充分发挥作用。另外，对于房地产上市公司来说宏观调控是系统性风险，即所有的房地产上市公司都会受到宏观调控政策的影响，宏观调控会使房地产上市公司的绩效出现下降。

第八章

结论与展望

第一节　研究结论

　　资本结构问题是一个具有重大理论价值和实践意义的研究课题。自 Modigliani 和 Miller（1958）提出了现代资本结构理论的基石 MM 定理以来，西方经济学者对资本结构问题作了大量研究，以求解开"资本结构之谜"。理论和实证研究都表明，公司资本结构远非表面上简单的资本和债务的比例关系，它实质上决定了资本要素所有者之间及其与公司其他要素所有者之间契约关系的制度安排。也就是说，资本结构是企业相关利益者权利义务的集中反映，它与公司治理结构、公司成长、公司的市场价值和绩效之间存在着深刻的内在联系。同时，宏观经济外部环境和公司特质微观因素等都会对资本结构产生重要的影响。由于资本结构不仅会影响公司治理结构、控制权及公司的成长性，而且会对公司的市场价值和绩效产生重大影响，因此研究资本结构与其影响因素、资本结构与公司绩效之间的相互关系具有重大的理论与现实意义。

　　本书以我国房地产上市公司为研究对象，从广义的资本结构概念出发，突破了单纯研究公司特质对资本结构的影响及仅局限于研究股权结构对经营绩效的影响，而是引入宏观调控变量，按照"资本结构理论阐述—资本结构微观决定因素分析—宏观调控对资本结构的影响分析—资本结构与上市公司绩效的关系分析"这条主线，在研究过程中充分结合我国房地产上市公司的资本结构与绩效现状，将宏观调控、资本结构与公司绩效有机地结合起来，通过构建合理的计量模型，系统分析了房地产上市公司微观因素对资本结构的影响、宏观调控对房地产上市公司资本结构的影响、股权结构和债务结构与公司绩效（EVA）的影响关系，尝试确定我国房地产上市公司资本结构的优化方向，以便为我国房地产上市公司合理安排和优化资本结构以提高公司绩效提供对策建议。具体来说，研究主要结论如下。

1. 公司特质与资本结构

本书从理论和实证的角度分析了公司规模、可抵押资产比例、非负债税盾、净资产收益率、股权集中度、税收、总资产增长率对房地产上市公司资本结构的影响，实证研究得到了与国内外许多学者研究相同的结论：（1）资产负债率与公司规模正相关。原因可能在于规模大的房地产企业能够通过多元化经营有效分散企业的经营风险，破产可能性小。另外，规模大的公司易通过低成本获得银行贷款或者发行企业债券。（2）资产负债率与可抵押资产比例正相关。原因在于房地产上市公司的可抵押资产可以有效缓解信息不对称的问题，从而降低负债融资的成本，促使企业获得更多的负债融资。另外，对于有大量有形资产的公司，比较容易获得银行贷款。（3）资产负债率和非负债税盾呈负相关关系。这表明我国房地产上市公司能够发挥非负债税盾的避税作用，可以对债务进行有效替代，在融资决策时，将理性地朝着最佳资本结构方向前进。（4）实际所得税率与负债水平的相关性不显著。原因在于我国的税收政策在针对房地产行业上存在多样性和不确定性，房地产上市公司的实际税率普遍较低，税收并没有起到明显的税盾效果。（5）资产负债率与盈利能力呈负相关关系。原因在于我国房地产上市公司偏好内源融资，在公司有较高的营业利润时，公司会选择多保留利润。另外，盈利能力强的公司更容易通过资本市场进行直接融资。（6）公司成长性与资产负债率相关性不显著。我国房地产开发公司主要是资源依赖型而非效率型，市场对于房地产企业认可度主要来源于其资源占有程度，而对于企业成长性方面关注度有限。（7）资产负债率与股权集中度负相关。原因在于上市公司股权结构较为分散时，几个股东之间会形成相互制衡的治理结构，企业的信息有更大的透明性，管理者和股东之间就会有更少的代理冲突，减少代理成本。

2. 宏观调控与资本结构

本书引入宏观调控虚拟变量，分析了宏观调控对房地产上市公司资本结构的影响，得出了与我国房地产调控实际相结合的结论：（1）宏观调控对我国房地产上市公司的资本结构具有显著负向的影响。原因在于当政府对房地产市场开始调控时，房地产上市公司短期借款比重会下降。另外，房地产企业被迫进行多种融资创新，拓宽融资渠道。（2）利率调控政策对房地产上市公司的资本结构存在十分显著的负向影响。原因在于当我国政府实施房地产利率调控政策时，会迅速地冻结大量的银行资金，进而会影响到房地产上市公司的资本结构。（3）非利率调控政策对房地产上市公司的资本结构具有较为显著的负向影响。原因在于与利率或存款准备金率政策相比，这些政策对房地产上市公司影响的力度更大、更直接，会使房地产上市公司的资金流直接受到影响。（4）刺激性房地产调控政策对资本结构有正向影响，但并不显著。由于我国房地产调控政策具有较大的突然性及转折性，当调控方向发生转变时，房地产上市公司出于保持经营连续性的考虑很难迅速地对其资本结构作出调整。（5）政府应重点选择利率调控等市场性调控政策对房地产市场进行调控。在实施利率调控等市场性调控政策时再利用综合性的调控政策（如限购令等）对房地产市场进行干预时，对房地产上市公司资本结构的影响会减弱。

3. 资本结构与公司绩效

本书应用房地产上市公司的 REVA 结果作为衡量房地产上市公司的绩效指标，在分析中加入公司规模控制变量和宏观调控虚拟变量对房地产上市公司股权结构及债务结构与公司绩效的关系进行了实证研究，得出如下结论：（1）第一大股东持股比例与公司绩效之间呈正相关关系，Z 指数与公司绩效之间呈负相关关系。原因在于大股东更具有长期专注特性，更加重视公司长期发展和战略决策，而且更有能力对公司管理层施加足够的控制以实现自身利益，从而使得公司绩效明显好于股权分散的公司。但是，如果公司的股权分布过于集中，将为大股东滥用管理权力提供了温床，其他股东参与公司经营的能力并未得到充分发挥，因此股权的高度集中对公司绩效也有负面影响。（2）国有股比例与公司绩效之间相关关系不显著，法人股比例与公司绩效之间呈正相关关系。这说明一方面国家股比例过高会对公司绩效产生负面影响，但房地产上市公司如果国家股过多可能会使公司在取得土地、获得银行贷款等方面获得一些便利，因此国家股比例过高也可能会提高公司绩效。另外，我国房地产上市公司法人股股东对公司经营者监督的积极性和监控效率都较

高，而且他们更关注公司的中长期经营发展状况，因此其对公司绩效的
正面效应大于负面效应。（3）资产负债率与公司绩效之间呈负相关关
系。原因在于经营绩效好的企业一般企业规模较大，盈利能力也较好，
产生内部所需资金能力强，内部留存收益较高，因此其资产负债率也相
应较低。再者，高的资产负债率增加了企业的破产概率，因此债权人会
要求企业支付更高的债务融资成本，企业的经营绩效也将下降。
（4）流动负债比率与公司绩效之间相关关系不明显。原因在于，一方
面由于我国房地产上市公司更倾向于使用短期负债的方式获得融资，由
于短期负债更具有激励和约束机制，能有效地避免经营者过度盲目投
资，因此会提高公司绩效；另一方面，我国房地产上市公司资产负债率
中短期负债的比例过大，造成公司业务发展所需的长期资金必然以股权
融资为主。过分地股权扩张，容易造成每股收益的稀释，因此会降低公
司绩效。（5）银行借款比率与公司绩效之间呈负相关关系。其原因在
于我国房地产上市公司大部分资金都来自国有商业银行贷款，造成两者
之间的债权债务关系比较模糊。由于这种虚拟的债权债务关系，债务对
公司的治理效应就不能充分地发挥。再者，当企业经营不善时，国有商
业银行通常采用贷款展期。随着企业负债的增多，企业会把资金投向更
有风险的投资，使得企业绩效下降。（6）公司规模与公司绩效之间呈
正相关关系，宏观调控与公司绩效之间呈负相关关系。第六章分析也表
明，规模大的房地产公司 EVA 值明显领先于规模较小的上市公司。另
外，随着一系列房地产调控政策的出台，房地产上市公司市值明显缩
水，盈利能力明显下滑。

　　综上所述，本书研究结论可以归纳为以下几点：（1）公司规模、
可抵押资产比例、非负债税盾、净资产收益率、股权集中度这些公司特
质对我国房地产上市公司具有显著的影响。（2）宏观调控政策确实能
够显著改变房地产上市公司的资本结构，但是随着房地产公司经营实力
的增强，再加上金融市场完全性程度的改善以及居民购房的刚性需求和
民众需求心理的改变，宏观调控政策对房地产上市公司的资本结构的影
响力开始趋于减弱。（3）我国房地产上市公司目前的股权结构确实能
够在公司治理中发挥一定的积极作用，有利于提高公司绩效，但并未达
到最佳状态，主要是"一股独大"现象严重。（4）我国房地产上市公

司的债务融资并没有按照经典资本结构理论的预期那样带来公司绩效和公司价值的增长。主要原因可能是房地产上市公司具有债权融资软约束的特征，即房地产上市公司债务融资渠道单一，而作为主要债权人的国有银行在公司治理中又扮演着消极的角色。再有就是我国企业债券市场发展停滞不前，企业债券融资还没有占到应有的比重，企业债券融资的治理功能未能充分发挥作用。（5）对于房地产上市公司来说宏观调控可以说是系统性风险，即所有的房地产上市公司都会受到宏观调控政策的影响，宏观调控会使房地产上市公司的绩效出现下降。

第二节　对策与建议

根据研究结论，本书提出如下几点对策与建议。

1. 保持适度的股权集中度，优化股权结构

目前我国房地产上市公司中"一股独大"的现象比较严重，尽管研究表明股权结构相对集中可以使大股东对公司经营管理更有积极性，也可以利用自己的控股地位及时了解公司经营管理情况和有效解决委托代理关系中存在的信息不对称问题，能够提高公司绩效。但是，如果过度集中将会缺乏其他的股东与其制衡，不利于对管理层的经营活动进行监督和约束，从而影响公司的管理绩效。考虑到房地产行业的特殊性，股权过于分散不符合房地产支柱行业的特点，也会使公司缺乏有效的直接控制力，不利于维护自身利益。所以要加快国有股在有效监督下的全流通，通过股权分置、转让等措施，减少国有股而增加法人股、流通股的比例，使公司的股权结构形成一个相对集中的局面，有相对控股的股东的同时，也要存在其他的大股东与其相制衡，从真正意义上实现公司产权的多元化。只有达到这样一个股权结构，各股东之间多元平衡，相互约束监督，共同治理，既能保证各股东的利益，又充分发挥大股东高能高效管理，从而提高公司绩效。

2. 提高长期负债比率和控制银行借款比率，优化债务结构

我国房地产上市公司负债结构中，短期负债占比超过70%[①]，这说

---

① 见本书第三章的研究。

明房地产上市公司更倾向于使用短期负债的方式获得融资，长期负债融资较少。短期负债比例过高，其财务杠杆放大效应就比较明显。一旦出现外部因素突发性干扰，使公司效益出现亏损，财务杠杆会放大损失，资金链就会发生问题，企业就可能面临债务危机甚至破产的风险。银行借款比率过高，说明房地产上市公司的大部分资金都来源于银行贷款，这些贷款大部分都属于中短期贷款，有限的中短期资金在多个项目间流动，将使企业还款压力较大，资金链比较紧张，影响经营绩效。另外，由于政府的参与导致了国有银行与企业的债权债务关系存在一定虚拟性，债务对公司的治理效应也不能充分地发挥，银行借款过多也不一定提高公司绩效。因此，对于房地产上市公司，应提高长期负债比率，减少银行借款，就可以降低短期偿债压力，使资金更加稳定，经营绩效获得明显提升。

3. 重视股权融资，拓宽融资渠道，提高直接融资比例

目前我国房地产上市公司直接融资和间接融资比例不平衡，大多数企业倾向间接融资即依靠银行贷款，这样的融资对房地产企业自身、对金融机构都有不利的影响：对银行依存度高，企业发展受银行信贷政策影响较大，不利于房地产公司的长期发展；房地产市场一旦出现危机，将严重影响金融体系稳定；房地产开发企业自有资本偏低，高负债经营，整个行业投资过度，对其他产业产生挤出效应。鉴于此，房地产上市公司应该充分利用上市公司这个资源，对于优质开发项目通过资本市场定向募集资金，进行再融资。这样既可以使企业获得项目资金，增加了企业权益资本，提高直接融资比例，优化了负债结构，同时通过开发项目进行再融资，使投资者更加关注该项目，提升公司经营绩效。但是，公司再融资对公司经营绩效等指标有一系列严格的要求，因此还可以选择通过房地产投资信托基金进行融资。对于房地产上市公司来讲，房地产投资信托基金来源相对稳定，通过投资信托方式融资，可以降低短期负债比重，保证企业资金链稳定，也从侧面提高了企业偿债能力及经营绩效。

4. 重视利率等市场性调控政策的实施，努力推进金融市场的完全性建设

本书研究表明，宏观调控对房地产上市公司资本结构及其经营绩效

有着直接的影响，而且利率等金融性政策调控效果明显。因此，政府在对房地产市场进行调控时应避免过多采用行政命令式的调控政策对房地产市场进行干预，应充分采用利率调整、存款准备金率调整等市场性调控来影响房地产市场。同时，要注意政策的连续性，尽量避免政策突然出现大的波动和转折。再者，在房地产宏观调控日益加强的大环境下，金融市场的完全性对企业融资活动尤其重要。由于受到宏观调控的约束，房地产上市公司传统的融资方式受到限制，被迫选择高成本的融资方式，进而影响到其绩效。因此，应大力推进金融市场的完全性建设，推动金融创新，如采取上市再融资、发行认股权和债权分离交易的可转换公司债券、公司债券融资等融资方式来改善房地产上市公司的资本结构，提高其绩效。

第三节　研究局限及展望

一、研究局限

本书分析了公司特质、宏观调控对房地产上市公司资本结构的影响以及资本结构与绩效之间的关系，尽管本书对此作了比较深入的探索，但限于作者能力、研究时间和学识所限，尚存在一些研究局限，主要体现在以下几方面：

（1）资本结构影响因素的分析。影响房地产上市公司资本结构的微观因素很多，本书仅选取了总资产规模、可抵押资产比例、净资产收益率等具有代表性的反映公司特质的 7 个微观因素来进行分析，在研究分析的过程中无法将尽可能多的影响因素包括。

（2）宏观调控对资本结构的影响。本书虽然考察了宏观调控对资本结构的影响，但结果过于宏观，未能具体到就某一个季度某项调控政策的出台会对房地产上市公司资本结构产生何种影响进行定量分析，而在资本市场上某项公告效应对股价影响会有明显的定量研究结果。

（3）受某些数据获取限制，本书只选择了 2007—2009 年间的 48 家沪深上市的 A 股房地产上市公司作为研究对象，这使得实证研究的样本不够丰富，这一点可能会影响到实证结论的可靠性，也可能不能全面代表整个房地产行业的特点。

二、研究展望

（1）由于资本结构对经营绩效的影响是一个动态的过程，如何从动态的角度来研究这两者的关系也是有待于进一步研究的问题。再者，如何能够构建一个合适的计量模型来分析具体到某一时期宏观调控政策对房地产上市公司资本结构及其经营绩效的影响，面对不同的调控政策企业应该如何选择自己的资本结构，这一系列问题还需要未来去进行深入的分析和研究。

（2）本书仅选取了具有代表性的反映公司特质的微观因素来进行分析，并分析了宏观调控对资本结构的影响，但实际上一个国家的金融体系、资本市场发展程度、公司管理者的经营理念、行业特征等因素也可能对资本结构有影响，因此，研究内容还可以进一步拓展。

附　　录

序号	公司代码	公司简称	序号	公司代码	公司简称
1	000002	万科	25	002146	荣盛发展
2	000006	深振业	26	002208	合肥城建
3	000014	沙河股份	27	600159	大龙地产
4	000024	招商地产	28	600175	美都控股
5	000029	深房集团	29	600215	长春经开
6	000031	中粮地产	30	600239	云南城投
7	000042	深长城	31	600240	华业地产
8	000043	中航地产	32	600256	广汇股份
9	000046	泛海建设	33	600376	首开股份
10	000402	金融街	34	600383	金地集团
11	000511	银基发展	35	600393	东华实业
12	000514	渝开发	36	600533	栖霞建设
13	000537	广宇发展	37	600606	金丰投资
14	000546	光华控股	38	600638	新黄浦
15	000558	莱茵置业	39	600639	浦东金桥
16	000567	海德股份	40	600641	万业企业
17	000573	粤宏远	41	600648	外高桥
18	000608	阳光股份	42	600663	陆家嘴
19	000616	亿城股份	43	600675	中华企业
20	000667	名流置业	44	600683	京投银泰
21	000711	天伦置业	45	600684	珠江实业
22	000897	津滨发展	46	600724	宁波富达
23	000926	福星股份	47	600736	苏州高新
24	002133	广宇集团	48	601588	北辰实业

表 2　　　　　2007—2009 年国家出台的主要房地产宏观调控政策

季度	时间	文件	主要内容	政策分类	支持或压制
一季度	2007.03.16	《中华人民共和国物权法》	物权法为物业税的开征奠定了基础，物业税会带来持有成本的增加，这是消费者置业投资所必须面对和重新考虑的，理性的需求无疑对房地产市场的平稳发展意义重大。	法律政策	压制
	2007.03.17	央行 2007 年首次加息	中国人民银行决定，自 2007 年 3 月 18 日起金融机构一年期存贷款基准利率上调 0.27 个百分点，其他各档次存贷款基准利率也相应调整。	金融政策	压制
二季度	2007.05.19	央行再次加息	5 月 19 日起，金融机构一年期存款基准利率上调 0.27 个百分点，一年期贷款基准利率上调 0.18 个百分点，其他各档次存贷款基准利率也相应调整。个人住房公积金贷款利率上调 0.09 个百分点。从 2007 年 6 月 5 日起，上调存款类金融机构人民币存款准备金率 0.5 个百分点。	金融政策	压制
三季度	2007.07.20	央行第三次加息	央行宣布在本次加息中，个人住房公积金贷款利率相应上调 0.09 个百分点。同时，上调活期存款利率 9 个基点，这是 2002 年 2 月以来首次上调活期存款利率。	金融政策	压制
	2007.08.21	央行第四次加息	中国人民银行决定，自 2007 年 8 月 22 日起上调金融机构人民币存贷款基准利率。金融机构一年期存款基准利率上调 0.27 个百分点，一年期贷款基准利率上调 0.18 个百分点，其他各档次存款基准利率相应调整。	金融政策	压制
	2007.09.14	央行第五次加息	2007 年 9 月 15 日起，金融机构一年期存贷款基准利率上调 0.27 个百分点。	金融政策	压制
	2007.09.27	《关于加强商业性房地产信贷管理的通知》	严格房地产开发贷款管理；严格规范土地储备贷款管理；严格住房消费贷款管理贷款首付款不得低于 40%，贷款利率不得低于中国人民银行公布的同期同档次基准利率的 1.1 倍；严格商业用房购房贷款管理，商业用房购房贷款首付款比例不得低于 50%，期限不得超过 10 年，贷款利率不得低于中国人民银行公布的同期同档次利率的 1.1 倍；加强房地产信贷征信管理；加强房地产贷款监测和风险防范工作。	金融政策	压制

续表

季度	时间	文件	主要内容	政策分类	支持或压制
四季度	2007.11.10	上调存款准备金率	从2007年11月26日起,上调存款类金融机构人民币存款准备金率0.5个百分点。此次调整后,普通存款类金融机构将执行13.5%的存款准备金率标准,该标准创近年历史新高。	金融政策	压制
	2007.12.03	《土地储备管理办法》	此举旨在完善土地储备制度,加强土地调控,规范土地市场运行,促进土地节约集约利用等。	土地调控政策	压制
一季度	2008.01.07	《国务院关于促进节约集约用地的通知》	优先开发利用空闲、废弃、闲置和低效利用的土地,努力提高建设用地利用效率;严格执行闲置土地处置政策;合理安排住宅用地,继续停止别墅类房地产开发项目的土地供应。确保不低于70%的住宅用地用于廉租房、经济适用房、限价房和90平方米以下中小套型普通商品房的建设,防止大套型商品房多占土地。	土地调控政策	压制
	2008.01.15	上调存款类金融机构人民币存款准备金率	央行决定从2008年1月15日起,上调存款类金融机构人民币存款类准备金率0.5个百分点,至此,这一数字已调升到15%,再创中国自1984年设立存款准备金制度以来的新高,明确释放出货币政策从紧的信号。	金融政策	压制
	2008.03.12	住房建设规划与住房建设年度计划制订工作的指导意见	提出凡新审批、新开工的商品住房套型建筑面积90平方米以下住房(含经济适用住房)面积所占比重,必须达到开发总面积的70%以上。	行业规制政策	压制
	2008.03.18	上调存款准备金率	中国人民银行从2008年3月25日起上调存款类金融机构人民币存款准备金率0.5个百分点。	金融政策	压制
二季度	2008.04.16	上调存款准备金率	中国人民银行从2008年4月25日起上调存款类金融机构人民币存款准备金率0.5个百分点。	金融政策	压制
	2008.05.12	上调存款准备金率	中国人民银行从2008年5月20日起上调存款类金融机构人民币存款准备金率0.5个百分点。	金融政策	压制
	2008.05.30	《违反土地管理规定行为处分办法》	商品住宅开发不得超3年;土地管理不作为将受严惩等。自2008年6月1日起执行。	土地政策	压制
	2008.06.10	企业为个人购买房屋需征收个人所得税	企业为个人购买房屋或其他财产需征收个人所得税。	财税政策	压制

季度	时间	文件	主要内容	政策分类	支持或压制
三季度	2008.08.25	《关于金融促进节约集约用地的通知》	《通知》要求，严格建设项目贷款管理。严格商业性房地产信贷管理，金融机构禁止向房地产开发企业发放专门用于缴交土地出让价款的贷款；土地储备贷款采取抵押方式的，应具有合法的土地使用证，贷款抵押率最高不得超过抵押物评估价值的70%，贷款期限原则上不超过2年。严格农村集体建设用地项目贷款管理。	金融政策	压制
	2008.09.15	央行宣布"双率"齐降	受美国金融风暴的影响，央行宣布从9月16日起，下调一年期人民币贷款基准利率0.27个百分点，以及下调存款准备金率0.5%。	金融政策	支持
四季度	2008.10.09	西方央行联手降息 中国打出"降率免税"组合拳	从10月9日起下调一年期人民币存贷款基准利率各0.27个百分点，其他期限档次存贷款基准利率作相应调整。央行同时还宣布了我国银行存款准备金率9年来首度下调的决定：从10月15日起下调存款类金融机构人民币存款准备金率0.5个百分点。此外，我国将从10月9日起对储蓄存款利息所得暂免征收个人所得税，	金融政策	支持
	2008.10.12	系列新政支持房地产	从2008年11月1日起，对个人首次购买90平方米及以下普通住房的，契税税率暂统一下调到1%；对个人销售或购买住房暂免征收印花税；对个人销售住房暂免征收土地增值税。地方政府可制定鼓励住房消费的收费减免政策；下调个人住房公积金贷款利率；商业性个人住房贷款利率的下限扩大为贷款基准利率的0.7倍；最低首付款比例调整为20%；加快廉租住房建设。规范廉租住房和经济适应住房保障，加大实物配租力度，扩大廉租住房租赁补贴范围，推进棚户区（危旧房）改造。	综合调控政策	支持
	2008.10.28	央行年内第三次下调利率	从2008年10月30日起下调金融机构人民币存贷款基准利率，一年期存贷款基准利率下调0.27个百分点，其他各档次存、贷款基准利率相应调整。个人住房公积金贷款利率保持不变。	金融政策	支持

续表

季度	时间	文件	主要内容	政策分类	支持或压制
一季度	2009.01	七折优惠利率	四大国有银行宣布：只要 2008 年 10 月 27 日前执行基准利率 0.85 倍优惠、无不良信用记录的优质客户，原则上都可以申请七折优惠利率。	金融政策	支持
二季度	2009.05.27	《关于调整固定资产投资项目资本金比例通知》	保障性住房和普通商品住房项目的最低资本金比例为 20%，其他房地产开发项目的最低资本金比例为 30%。这是自 2004 年以来执行 35% 自有资本金贷款比例后的首次下调，预示着紧缩了数年的房地产信贷政策开始"松绑"。	综合调控政策	支持
四季度	2009.12.09	《关于试行社会保险基金预算的意见》	个人住房转让营业税征免时限由 2 年恢复到 5 年。	财税政策	压制
	2009.12.17	《关于进一步加强土地出让收支管理的通知》	将开发商拿地的首付款比例提高到了五成，且分期缴纳全部价款的期限原则上不超过一年。此前各地方土地出让大多执行 20%—30% 的首付政策。	综合调控政策	压制

表3

2007—2009年房地产上市公司EVA值及排名表

股票名称	2007	排名	股票名称	2008	排名	股票名称	2009	排名	股票名称	平均	排名
万科A	2309956578	1	万科A	1006780716	1	万科A	2128837825	1	万科A	1815191707	1
金地集团	581549603	2	外高桥	547306892	2	陆家嘴	1262142538	2	陆家嘴	226610824	2
中华企业	497962658	3	金地集团	201382762	3	中粮地产	442775321	3	金地集团	226597466	3
首开股份	413834142	4	广汇股份	126972507	4	荣盛发展	301957037	4	中华企业	218821683	4
金融街	390524520	5	荣盛发展	69164905	5	中华企业	285907846	5	荣盛发展	161263520	5
中粮地产	229015887	6	东华实业	54348713	6	广汇股份	169474794	6	广汇股份	141825225	6
万业企业	212306293	7	深振业A	53278647	7	阳光股份	153105212	7	外高桥	115239308	7
深深房A	135668908	8	金融街	35524797	8	亿城股份	106108284	8	中粮地产	104624582	8
广汇股份	129028373	9	莱茵置业	27310551	9	深振业A	95675255	9	深振业A	83488257	9
中航地产	117197784	10	广宇发展	22740520	10	金丰投资	83947288	10	金融街	63210124	10
荣盛发展	112668617	11	合肥城建	3368045	11	莱茵置业	67664982	11	莱茵置业	59914557	11
金丰投资	103150044	12	海德股份	-20888594	12	大龙地产	60857759	12	阳光股份	42403654	12
深振业A	101510869	13	光华控股	-27323762	13	云南城投	38873248	13	金丰投资	36281273	13
京投银泰	95068642	14	沙河股份	-38737749	14	华业地产	26455885	14	合肥城建	19673812	14
莱茵置业	84788138	15	云南城投	-45271921	15	宁波富达	25147989	15	亿城股份	13241043	15
栖霞建设	77418544	16	天伦置业	-51656677	16	合肥城建	20614268	16	京投银泰	7036817	16
泛海建设	73981183	17	银基发展	-54078412	17	京投银泰	9807711	17	万业企业	1383795	17
亿城股份	73432058	18	珠江实业	-58478769	18	深长城	8193495	18	云南城投	970059	18

续表

股票名称	2007	排名	股票名称	2008	排名	股票名称	2009	排名	股票名称	平均	排名
福星股份	73322785	19	美都控股	-64005743	19	浦东金桥	8057583	19	东华实业	-4710702	19
广宇集团	65136674	20	福星股份	-72084504	20	沙河股份	6314844	20	海德股份	-6000552	20
阳光股份	60734567	21	宁波富达	-74091939	21	海德股份	-4934470	21	首开股份	-6791423	21
深长城	52107661	22	金丰投资	-78253512	22	光华控股	-19912191	22	福星股份	-7906736	22
合肥城建	35039122	23	京投银泰	-83765903	23	福星股份	-24958489	23	光华控股	-17904611	23
大龙地产	27367956	24	阳光股份	-86628816	24	天伦置业	-30645688	24	天伦置业	-26768127	24
云南城投	9308850	25	招商地产	-91104830	25	珠江实业	-34817080	25	沙河股份	-28708599	25
陆家嘴	8275702	26	万业企业	-99212870	26	美都控股	-47376377	26	宁波富达	-32995994	26
海德股份	7821410	27	浦东金桥	-114393485	27	广宇发展	-58835850	27	深长城	-33692508	27
东华实业	6129511	28	广宇集团	-116836709	28	银基发展	-60268061	28	美都控股	-36966367	28
天伦置业	1997984	29	中华企业	-127405454	29	外高桥	-68189008	29	广宇发展	-40600172	29
美都控股	483018	30	亿城股份	-139817214	30	东华实业	-74610331	30	银基发展	-47759140	30
渝开发	-1032235	31	渝开发	-142524418	31	中航地产	-89099539	31	广宇集团	-53190063	31
光华控股	-6477880	32	北辰实业	-148350021	32	首开股份	-99347385	32	华业地产	-57731817	32
名流置业	-9840521	33	深长城	-161378681	33	金地集团	-103139967	33	珠江实业	-58098294	33
招商地产	-21341338	34	名流置业	-163183812	34	广宇集团	-107870155	34	浦东金桥	-64926312	34
银基发展	-28930947	35	华业地产	-170159540	35	万业企业	-108942038	35	中航地产	-76978595	35
华业地产	-29491798	36	栖霞建设	-217427906	36	北辰实业	-131139441	36	大龙地产	-83484081	36

续表

股票名称	2007	排名	股票名称	2008	排名	股票名称	2009	排名	股票名称	平均	排名
宁波富达	-50044032	37	深深房A	-229263020	37	渝开发	-172747983	37	深深房A	-91750841	37
沙河股份	-53702892	38	中航地产	-259034031	38	名流置业	-178459787	38	渝开发	-105434878	38
珠江实业	-80999032	39	新黄浦	-269999358	39	新黄浦	-181500676	39	名流置业	-117161373	39
广宇发展	-85705184	40	苏州高新	-284094700	40	深深房A	-181658410	40	栖霞建设	-124720174	40
浦东金桥	-88443034	41	长春经开	-314280778	41	栖霞建设	-234151161	41	北辰实业	-142269419	41
苏州高新	-96458633	42	首开股份	-334861025	42	金融街	-236418946	42	招商地产	-166159415	42
新黄浦	-97129502	43	大龙地产	-338677958	43	津滨发展	-244978018	43	新黄浦	-182876512	43
外高桥	-133399960	44	中粮地产	-357917462	44	苏州高新	-289780245	44	苏州高新	-223344526	44
北辰实业	-147064795	45	津滨发展	-375792338	45	长春经开	-309370627	45	津滨发展	-279159105	45
粤宏远A	-149227447	46	粤宏远A	-485559430	46	招商地产	-386032077	46	长春经开	-293129179	46
津滨发展	-216706959	47	陆家嘴	-590585768	47	粤宏远A	-454160899	47	粤宏远A	-362982592	47
长春经开	-255736132	48	泛海建设	-757755022	48	泛海建设	-638208434	48	泛海建设	-440660758	48

表4

2007—2009年房地产上市公司REVA值及排名表

股票名称	2007	排名	股票名称	2008	排名	股票名称	2009	排名	股票名称	平均	排名
莱茵置业	13.98%	1	外高桥	5.23%	1	陆家嘴	11.48%	1	莱茵置业	7.34%	1
京投银泰	10.48%	2	东华实业	4.30%	2	莱茵置业	5.34%	2	荣盛发展	4.02%	2
中华企业	8.32%	3	广汇股份	3.39%	3	中粮地产	5.32%	3	广汇股份	3.50%	3
合肥城建	7.09%	4	莱茵置业	2.71%	4	荣盛发展	5.20%	4	中华企业	3.22%	4
深深房A	6.95%	5	荣盛发展	1.85%	5	阳光股份	4.26%	5	万科A	3.18%	5
中粮地产	6.58%	6	万科A	1.54%	6	广汇股份	3.40%	6	合肥城建	3.18%	6
万业企业	5.78%	7	广宇发展	1.24%	7	金丰投资	3.31%	7	中粮地产	2.12%	7
金融街	5.39%	8	深振业A	1.15%	8	中华企业	3.03%	8	深振业A	1.99%	8
万科A	5.14%	9	金地集团	0.98%	9	大龙地产	2.97%	9	金地集团	1.77%	9
金丰投资	5.08%	10	合肥城建	0.45%	10	万科A	2.86%	10	陆家嘴	1.66%	10
荣盛发展	5.00%	11	金融街	0.21%	11	亿城股份	2.56%	11	金融街	1.60%	11
首开股份	4.86%	12	招商地产	-0.38%	12	合肥城建	1.99%	12	金丰投资	1.46%	12
金地集团	4.68%	13	北辰实业	-1.09%	13	深振业A	1.69%	13	阳光股份	1.30%	13
中航地产	4.47%	14	福星股份	-1.42%	14	云南城投	0.88%	14	京投银泰	1.09%	14
海德股份	3.87%	15	中华企业	-1.69%	15	华业地产	0.67%	15	首开股份	0.65%	15
广汇股份	3.72%	16	首开股份	-2.37%	16	宁波富达	0.61%	16	外高桥	0.62%	16
广宇集团	3.20%	17	浦东金桥	-2.57%	17	沙河股份	0.54%	17	亿城股份	0.48%	17
深振业A	3.12%	18	阳光股份	-2.68%	18	京投银泰	0.48%	18	万业企业	0.10%	18

续表

股票名称	2007	排名	股票名称	2008	排名	股票名称	2009	排名	股票名称	平均	排名
亿城股份	2.45%	19	万业企业	-2.73%	19	深长城	0.20%	19	福星股份	-0.02%	19
阳光股份	2.32%	20	名流置业	-3.23%	20	浦东金桥	0.17%	20	东华实业	-0.25%	20
大龙地产	1.83%	21	银基发展	-3.25%	21	金地集团	-0.36%	21	招商地产	-0.64%	21
福星股份	1.76%	22	广宇集团	-3.48%	22	福星股份	-0.40%	22	云南城投	-0.73%	22
云南城投	1.66%	23	沙河股份	-3.50%	23	外高桥	-0.42%	23	深长城	-0.77%	23
栖霞建设	1.66%	24	亿城股份	-3.56%	24	首开股份	-0.53%	24	广宇集团	-1.04%	24
深长城	1.57%	25	栖霞建设	-3.67%	25	北辰实业	-0.78%	25	北辰实业	-1.05%	25
泛海建设	1.37%	26	美都控股	-3.72%	26	金融街	-0.81%	26	浦东金桥	-1.55%	26
东华实业	0.62%	27	金丰投资	-4.02%	27	招商地产	-1.39%	27	栖霞建设	-1.89%	27
天伦置业	0.34%	28	深长城	-4.09%	28	美都控股	-2.07%	28	中航地产	-1.91%	28
陆家嘴	0.10%	29	苏州高新	-4.19%	29	珠江实业	-2.37%	29	美都控股	-1.92%	29
美都控股	0.03%	30	宁波富达	-4.31%	30	银基发展	-2.50%	30	名流置业	-2.12%	30
渝开发	-0.07%	31	云南城投	-4.71%	31	中航地产	-2.51%	31	宁波富达	-2.26%	31
招商地产	-0.15%	32	珠江实业	-4.92%	32	万业企业	-2.75%	32	广宇发展	-2.29%	32
名流置业	-0.24%	33	渝开发	-5.52%	33	广宇集团	-2.84%	33	华业地产	-2.39%	33
北辰实业	-1.30%	34	中粮地产	-5.55%	34	海德股份	-2.86%	34	银基发展	-2.48%	34
银基发展	-1.69%	35	津滨发展	-6.03%	35	名流置业	-2.90%	35	沙河股份	-3.02%	35
苏州高新	-1.73%	36	华业地产	-6.10%	36	广宇发展	-3.38%	36	大龙地产	-3.13%	36

续表

股票名称	2007	排名	股票名称	2008	排名	股票名称	2009	排名	股票名称	平均	排名
华业地产	-1.74%	37	陆家嘴	-6.59%	37	津滨发展	-3.61%	37	苏州高新	-3.18%	37
光华控股	-2.05%	38	京投银泰	-7.68%	38	苏州高新	-3.62%	38	海德股份	-3.61%	38
浦东金桥	-2.24%	39	中航地产	-7.70%	39	栖霞建设	-3.66%	39	深深房A	-3.68%	39
外高桥	-2.94%	40	新黄浦	-8.00%	40	泛海建设	-4.10%	40	泛海建设	-3.72%	40
宁波富达	-3.07%	41	天伦置业	-8.35%	41	新黄浦	-4.15%	41	渝开发	-3.86%	41
新黄浦	-3.25%	42	泛海建设	-8.42%	42	天伦置业	-4.75%	42	天伦置业	-4.25%	42
津滨发展	-4.22%	43	光华控股	-9.31%	43	粤宏远A	-5.62%	43	津滨发展	-4.62%	43
广宇发展	-4.72%	44	长春经开	-9.41%	44	东华实业	-5.65%	44	珠江实业	-5.05%	44
沙河股份	-6.11%	45	粤宏远A	-9.55%	45	渝开发	-5.98%	45	新黄浦	-5.14%	45
长春经开	-6.55%	46	深深房A	-10.53%	46	深深房A	-7.46%	46	光华控股	-6.63%	46
粤宏远A	-6.94%	47	海德股份	-11.84%	47	光华控股	-8.54%	47	粤宏远A	-7.37%	47
珠江实业	-7.85%	48	大龙地产	-14.19%	48	长春经开	-11.72%	48	长春经开	-9.22%	48

后　记

　　本书是在我的博士研究生论文基础上修改而来的，是受山东省优秀中青年科学家科研奖励基金计划项目（BS2012SF004）资助的系列研究成果之一，同时也得到了青岛大学经济学院学术专著出版基金资助。

　　衷心感谢我的博士导师赵息教授。我博士论文的顺利完成离不开导师的悉心指导，从论文的选题、写作到最后定稿的各个环节，无不凝聚着老师辛勤的汗水和大量的心血。在今后的学术道路上，我将牢记恩师的教诲，踏实研究，努力进取。

　　感谢我的硕士导师伍海华教授。多年来，伍老师一直在关心、支持、鼓励着我，我的点滴成长和进步无不渗透着他殷切的期望，在此表示深深的谢意。还要感谢青岛大学经济学院的刘喜华教授、张旭教授、吕学梁博士等各位领导和同事，他们在论文写作的过程中给予了我极大的支持和帮助。

　　感谢我的父母和妻子，在我求学的道路上他们始终给予我莫大的支持。感谢他们给予我的爱与幸福，让我的付出更有意义。还要感谢我的儿子，从他出生起我就一直在求学，未能尽到照顾他的责任。他是我学习的动力，是我快乐和信心的源泉。

　　路还长，唯勤勉前行。在未来的日子里，天津大学"实事求是"的校训将始终是我的座右铭，伴我前进。

　　由于水平所限，本书的研究可能还有不少疏漏之处，诚望得到学界同人的批评指正！

孙继国